DOCUMENTS DE L'ASIE MINEURE MÉRIDIONALE

CENTRE DE RECHERCHES D'HISTOIRE ET DE PHILOLOGIE
de la IVe Section
de l'École Pratique des Hautes Études

III

HAUTES ÉTUDES DU MONDE GRÉCO-ROMAIN

2

LOUIS ROBERT
Directeur d'Études à l'École des Hautes Études
Professeur au Collège de France

DOCUMENTS DE L'ASIE MINEURE MÉRIDIONALE

INSCRIPTIONS, MONNAIES ET GÉOGRAPHIE

Ouvrage publié avec le concours du Centre National de la Recherche Scientifique

GENÈVE
LIBRAIRIE DROZ
11, rue Massot

PARIS
LIBRAIRIE MINARD
73, rue du Cardinal Lemoine

1966

TABLE DES MATIÈRES

INTRODUCTION

Dans ce petit volume j'ai réuni une série d'études qui partent d'inscriptions grecques, soit inédites, à Pinara, à Termessos, à Séleucie, soit déjà connues. J'aurai conduit le lecteur depuis la Lycie jusque dans la Cilicie Trachée, exactement jusqu'au Calycadnos ou Göksu, ' le Fleuve Bleu ', où se noya l'empereur Frédéric Barberousse et qui mit fin à sa croisade.

Ces inscriptions nous instruisent d'institutions et d'histoire et des destinées de l'hellénisme pénétrant dans les montagnes de la Lycie, de la Pisidie et de la Cilicie. L'une d'entre elles nous amènera à la numismatique et un oracle à Syedra nous expliquera un type original des monnaies de cette ville cilicienne, de même que ces monnaies apporteront un commentaire inattendu à l'oracle d'un vieux sanctuaire grec. Nous aurons une fois de plus à marquer la nécessité des enquêtes numismatiques sur le terrain pour les identifications des villes, pour suppléer au silence des inscriptions.

Toujours la géographie jouera un rôle essentiel. Elle donne vie, fond et consistance à l'histoire, à la philologie et à l'archéologie. Les mots ou quelquefois les photographies évoqueront le rocher rond du site de Pinara, la côte abrupte des Sept Caps et du Kragos lycien, Phasélis avec ses ports et sous le maquis, adossée aux grandes cimes de la Lycie et ouverte sur le golfe de Pamphylie, le fleuve Mélas en Pamphylie que n'avait jamais franchi un pont jusqu'à notre génération, les bords escarpés de la côte de la Cilicie Apre, favorable à la piraterie.

Pour imaginer les détails de ces paysages nous aurons recours aux anciens voyageurs, avec leur curiosité et leurs bons yeux neufs, voyageurs de toute catégorie : les officiers de la marine anglaise occupés au relevé des côtes de l'Asie Mineure, les capitaines Beaufort et Spratt, plus tard amiraux, — l'architecte Cockerell, — les naturalistes Fellows, Forbes, Pierre de Tchihatcheff, — les érudits et archéologues, August Schönborn, Gustav Hirschfeld, Otto Benndorf, jusqu'à Adolf Wilhelm.

A ce point de vue, ce volume marque encore une étape vers l'élaboration définitive et la publication des ouvrages où seront présentés systématiquement les voyageurs et leur œuvre, d'abord sur la côte méridionale de l'Asie Mineure, en cheminant avec eux et derrière eux ' De la Chimère à Milet ', puis pour le reste de la péninsule.

Je me suis arrêté à Séleucie du Calycadnos. Non point que j'aie donné ici tout ce qui dans nos découvertes concerne cette région. J'ai gardé pour mon prochain ouvrage ' En Asie Mineure ', — à cause du sujet essentiel de ce livre-là : textes et paysages dans leurs rapports, — le site de Séleucie et la vallée du Calycadnos à propos d'un passage de Pline le Naturaliste, la région de Kestros avec ses falaises, son fleuve et sa flore, le petit Gibraltar qu'est la citadelle seldjoucide d'Alanya, avec les monnaies de Korakésion. Je n'ai pas franchi la limite du Calycadnos et je réserve pour d'autres publications mes études, sur le terrain ou dans le bureau, sur la Cilicie Plane[1] : inscription honorifique de Tarse intéressante pour le culte d'Apollon Argien et la corporation des portefaix, tête de Pompeioupolis avec couronne à portraits impériaux et avec sigles, qui est celle d'un ' cilicarque ', trophée d'Anazarbe et titulature des villes de Cilicie, types monétaires de Mopsuheste, Antioche du Pyrame, Magarsos et Mallos avec leurs inscriptions, Aigeai avec son port, son phare et son culte d'Asclépios, la grande passe cilicienne, le Gülekboğaz, et les voyages du botaniste Theodor Kotschy.

1. Cf. *Hellenica,* VIII, 92 ; *Comptes Rendus Acad. Inscr.* 1951, 256-259 ; 1961, 174-178 ; *Hellenica,* XI-XII, 444, note 6 ; *Annuaire du Collège de France, 63e année* (1963), 347-348 ; *65e année* (1965), 400 ; *La déesse de Hiérapolis Castabala,* 5, n. 3.

I. UNE VILLE DE LYCIE

L'inscription que je publie ci-après se trouve au dépôt de Xanthos. J'en dois la connaissance et la photographie à Mlle Nicole Weil, ancien membre de l'École d'Athènes, qui la vit à l'automne 1964 et me la communiqua peu après, d'accord avec M. P. Demargne, directeur des fouilles de Xanthos[1]. Le gardien de Xanthos l'avait apportée « de Pinara », ville qui est située à une vingtaine de km. au Nord-Nord-Ouest de Xanthos, de l'autre côté du fleuve, dans la montagne qui borde à l'ouest la vallée et qui la sépare de la partie de la côte qui s'étend parallèlement au fleuve.

Je donne, Pl. II, la photo que M. Clair a tirée d'une épreuve en couleurs. On voit qu'il s'agit d'une stèle de marbre, intacte à droite et au bas, brisée en haut et à gauche. J'en donne d'abord le texte, restitué à l'exception du début de la ligne 5.

ca 12
............ν καὶ ἀτ̣ἐ̣[λειαν - - -]
ca 12
.... εἶναι δὲ καὶ εἴσπ̣[λουν καὶ]
[ἔκπλουν καὶ] ἐ̣μ πολέμωι καὶ ἐν εἰρήνηι ἀσυ̣λ̣[εὶ]
4 [καὶ ἀσπο]ν̣δεί · μετεῖναι δὲ καὶ τῶν ἱερῶν αὐτοῖς κα-
.... ΤΥΜΝΙΣΣΕΥΣΙ · στεφανοῦσθαι δὲ αὐτού[ς]
[ἔν τε τα]ῖς πανηγύρεσι καὶ ἐν τοῖς ἀγῶσι θαλλοῦ
[στεφάνω]ι καὶ καλεῖσθαι εἰς προεδρίαν · τὰ δ' αὐτὰ ὑ-
8 [πάρχειν κ]αὶ τοῖς ἐγγόνοις αὐτῶν · ἀναγράψαι δὲ
[τὸ ψήφισμ]α̣ τοῦτο εἰς στήλην καὶ ἀναθεῖναι ἐν τῶι τοῦ̣
['Απόλλων]ος ἱερῶι ἐν τῶι ναῶι · τοὺς δ' ἐνεστηκότας
11 [ἄρχοντας ?] ἐπιμεληθῆ[ναι].

Voir ci-après les observations sur le début de la ligne 10. — L. 11, il apparaît que le graveur n'a rien écrit après le second *èta*. La forme à l'infinitif est indispensable et on ne peut considérer l'absence des trois dernières lettres du verbe que comme un oubli.

1. La publication des inscriptions me fut confiée par lui ; cf. *Comptes Rendus Acad. Inscr.* 1951, 254 ; P. Demargne, *Fouilles de Xanthos*, I, *Les piliers funéraires* (1958), 27 et 108 ; *Bull. Épigr.* 1959, 405.

Par ce décret une cité accorde à plusieurs personnes, — deux au moins et deux sans doute[1], peut-être deux frères, — et à leurs descendants divers honneurs, notamment l'exemption d'impôts (ou l'assimilation aux citoyens sur ce chapitre), le libre accès sur le territoire[2], la participation aux *sacra* de la ville, une couronne de feuillage proclamée dans les panégyries et les concours, l'invitation à la proédrie dans ces cérémonies.

Une date ne peut être proposée que d'après l'écriture et chacun en pourra juger par la photographie.

L'écriture, dans son caractère général comme dans la forme de chaque lettre, paraît exactement semblable à celle de l'inscription du tombeau rupestre de Télésias à Pinara même, telle qu'elle est connue par le fac-similé de Benndorf, *TAM*, II, 520, avec notamment les ' omicron ', les ' théta ' et les ' oméga ' plus petits et au haut de la ligne. C'est l'écriture qui a fait dater celle-ci du IIIe siècle[3], et je dirai de la première partie du siècle.

Le décret de Telmessos pour Ptolémée fils de Lysimaque, vers 240, *TAM*, II, 1, peut être comparé[4] ; mais l'écriture, moins aérée, offre des formes plus récentes : les branches supérieure et inférieure du ' sigma ' sont devenues parallèles et l'extrémité de certaines lettres se marque déjà[5]. Mêmes caractéristiques dans le décret de Telmessos pour Leimôn, entre 265 et 257[6].

L'inscription d'Antiochos III à Xanthos, *TAM*, II, 266, en 197, très soigneusement gravée, a non seulement le ' sigma ' à branches parallèles, mais l'' alpha ' à barre brisée[7]. De même dans l'inscription de cette ville n. 263, entre 205 et 181, sous Ptolémée Épiphane[8].

1. Il ne peut s'agir d'un groupe ; l'invitation à la proédrie ne semble se comprendre que pour un très petit nombre de personnes à la fois.

2. Dans la région même, à Telmessos, au IIIe siècle, *TAM*, II, 2, l. 11-15 : εἶναι δὲ καὶ εἴσπλουν καὶ ἔκπλουν αὐτοῖς τε καὶ τοῖς ἐκγόνοις καὶ ἐμ πολέμωι καὶ ἐν εἰρήνηι ἀσυλεὶ καὶ ἀσπονδεί.

3. Benndorf dans *TAM* : « Titulum tertii fere a. Ch. n. saeculi esse, plurimis certe huius tractus inscriptionibus multo antiquiorem et elementa probant titulis tertii saeculi Telmessiis admodum similia et tota sermonis conformatio... ». « Sicher aus früher hellenistischer Zeit », disait Benndorf dans *Reisen*, I, 56.

4. Photographies de cette inscription du musée de Smyrne dans *BCH* 1933, Pl. XXX B (cf. p. 491) et dans M. Segre, *Clara Rhodos*, 9 (1938), 187, fig. 2.

5. Il y a de véritables ' apices ' à certaines lettres dans le décret de Telmessos *Clara Rhodos*, *ib.*, p. 191, fig. 3. M. Segre le date d'environ 220.

6. *Ibid.*, 185, fig. 1 (cf. p. 183). Voir ici plus loin 55.

7. Sur cette inscription, cf. ci-après 11, n. 6. Sur l'*alpha* à barre brisée, M. Holleaux, *Études*, III, 76-77, avec l'inscription de Xanthos.

8. « Lapis quadratus porphyreticus », dit E. Kalinka. L'emploi du porphyre tient certainement à ce que le monument est ' lagide ' (dédicace d'un ἡγεμών Étolien ὑπὲρ βασιλέως Πτολεμαίου κτλ.). Cf. la stèle de porphyre au gymnase de Théra, *Coll. Froehner*, n. 95 et Pl. LI, avec renvoi à R. Delbrück, *Antike Porphyrwerke* (1932), 34-35 ; *Noms Indigènes*, 89. Cf. aussi *Annuaire Collège de France, 53e année* (1953), 226-227. Celle-ci n'est pas mentionnée dans Delbrück.

La stèle fut érigée non seulement dans le sanctuaire, mais dans le temple, ναός[1]. Le fait est très rare pour la consécration d'une stèle[2].

Le nom d'Apollon me semble assuré, bien qu'il soit restitué pour la plus grande partie. Avant les lettres ΟΣ, il ne subsiste qu'une haste verticale. Mais le nom divin [Δ]ιός ne remplirait pas la lacune ; il s'en faudrait de beaucoup. Une épithète de Zeus dépasserait l'étendue de la lacune, et surtout on l'attend après le nom divin : τοῦ Διὸς τοῦ Ὑπάτου. Le nom d'Apollon convient exactement à la lacune et il est attendu plus que tout autre dieu dans la région.

A Pinara, une inscription mentionne son sanctuaire : τὸ ἱερὸν τοῦ Ἀπόλλωνος[3]. Au IIIe siècle a. C., l'inscription funéraire de Télésias menace le violateur de l'hérôon du ressentiment « de Létô et de ses enfants », la triade lycienne par excellence : ἁμαρτωλὸς ἔστω θεῶν πάντων καὶ Λητοῦς καὶ τῶν τέκνων[4]. On verra plus loin que Pinara était une fondation de Xanthos. Or cette ville était consacrée à Apollon, τὴν ἱερὰν τοῦ Ἀπόλλωνος Ξάνθον[5]. Antiochos III, ayant pris possession de la ville, la consacra à la triade apollinienne, lui qui était le descendant d'Apollon[6].

De quelle ville émane ce décret ? Je n'ai pas encore transcrit le nom du peuple à la ligne 5. On pourrait penser au premier instant à la ville de Tymnessos ; on croirait même que le nom s'offre en entier et clairement dans l'inscription, à la différence de la finale -ισσος pour -ησσος, variante négligeable. Cette ville est connue par Étienne de Byzance : Τυμνησσός, πόλις Καρίας, d'après Alexandre Polyhistor dans ses ' Lykiaka ', et Imhoof-Blümer lui a justement attribué une monnaie unique de l'époque impériale avec la légende Τυμν[η]σέων. Il est assuré que cette ville était en Carie et qu'il ne faut point corriger Étienne de Byzance pour écrire Λυκίας[7].

1. A Larisa, deux stèles : τὰν μὲν ἴαν ἐν τὸν ναὸν τοῖ Ἄπλουνος τοῖ Κερδοίοι, τὰν δὲ ἄλλαν ἐν τὰν ἀκρόπολιν ἐν τὸν ναὸν τᾶς Ἀθάνας (*IG*, IX 2, 517, l. 44-45 ; *Sylloge*³, 543).

2. C'est autre chose que l'exposition de la stèle devant le temple (πρὸ τοῦ ναοῦ, ἔμπροσθεν τοῦ ναοῦ), contre le temple (παρὰ τὸν ναόν, πρὸς τῶι ναῶι).

3. *TAM*, II, 509, l. 4 ; cf. *Mélanges Dussaud*, II, 731-732, et ci-après 28.

4. *TAM*, II, 520. Pour l'écriture, cf. ci-dessus.

5. Marinus, *Vie de Proclos*, VI. L'auteur fait remarquer que Proclos naquit là κατὰ θεῖόν τινα κλῆρον. Ἔδει γάρ, οἶμαι, τὸν μέλλοντα πασῶν ἐπιστημῶν ἡγεῖσθαι ὑπὸ τῷ μουσηγέτῃ θεῷ τροφῆς τε καὶ παιδείας μεταλαγχάνειν. Pour le fleuve Xanthos, ἱερὸς Ἀπόλλωνος, voir ci-après le passage de Ménékratès de Xanthos, 13, note 1.

6. *TAM*, II, 266 : Βασιλεὺς Μέγας Ἀντίοχος ἀφιέρωσεν τὴν πόλιν τῆι Λητῶι καὶ τῶι Ἀπόλλωνι καὶ τῆι Ἀρτέμιδι διὰ τὴν πρὸς αὐτοὺς συνάπτουσαν συγγένειαν. Sur cette consécration, cf. O. Benndorf, *Festschrift O. Hirschfeld* (1903), 77 ; M. Holleaux, *Études*, III, 161 ; IV, 325, n. 2. Sur la parenté d'Apollon et des Séleucides, en dernier lieu Dittenberger, *OGI*, 219, n. 18 ; *Bull. Épigr.* 1955, 122, p. 129.

7. Tous les documents et discussion (contre A. H. M. Jones) dans *Hellenica*, X, 188-196.

Malgré le vague de la provenance de la nouvelle inscription, il est assuré que, dans la région de Pinara, nous sommes en pleine Lycie. D'autre part, il est clair d'après le contenu que la stèle fut érigée sur place, dans la ville même qui rendit le décret, et non dans une ville étrangère où le décret eût été envoyé et recopié.

L'étendue de la lacune ne convient pas non plus à une lecture Τυμνισσεῦσιν. Dans cette écriture très régulière, il est assuré que la restitution κα[θάπερ], avec ses cinq lettres, ne remplit pas la lacune. Comme à la ligne précédente et aux suivantes, il faut sept lettres.

Le sens de la formule est assuré par des textes parallèles, ainsi que l'absence de l'article avant l'ethnique. Des décrets de dèmes attiques décident d'attribuer une part des victimes à un bienfaiteur qui ne fait pas partie de la communauté[1] : à Éleusis, pour le stratège Derkylos d'Hagnonte[2], νέμειν δὲ αὐτῶι καὶ μερίδα ἐκ τῶν ἱερῶν καθάπερ Ἐλευσινίοις ; à Lamptrai, pour Philokédès d'Acharnes[3], νέμειν αὐτῶι κρέα ἐν τοῖς ἱεροῖς οἷς ἂν θύωσιν οἱ δημόται Λαμπτρ[ᾶσι καθ]άπερ Λαμπτρ[εῦσιν]. Dans d'autres contextes aussi, cette formule assimile des étrangers aux citoyens. Dans le fameux décret athénien pour les Samiens en 405-404, on lit : περὶ δὲ τῆς ἐρήνης ... ε̄ναι κατὰ ταὐτὰ καθάπερ Ἀθηναίοις καὶ τοῖς νῦν οἰκο̄σιν Σάμον[4]. Les métèques combattants de Phylè ont reçu l'isotélie, l'épigamie et l'ἐγγύησις καθάπερ Ἀθηναίοις[5]. Les décrets delphiques au IVe et au IIIe siècle accordent l'atélie et autres privilèges καθάπερ Δελφοῖς ; la formule est invariable. L'article ne se lit que si l'on ajoute ἄλλοι : νέμειν καὶ Καλλιδάμαντι (du dème de Cholargos) μερίδα καθάπερ καὶ τοῖς ἄλλοις Πειραιεῦσιν[6] ; à Érétrie, à la fin du IVe siècle et au IIIe, on accorde à des étrangers l'atélie καθάπερ καὶ τοῖς ἄλλοις Ἐρετριεῦσιν[7]. Les formules de ce genre ont permis à Ad. Wilhelm[8] d'expliquer la phrase du décret des Nésiotes pour Sostratos de Cnide, *IG*, XI 4, 1038 : ὅπως ... ἀποστέλληται ... γέρας εἰς Κνίδον αὐτῶι καὶ ἐκγόνοις καθάπερ ἀδελφοῖς.

Or, il existe une ville de Lycie — fort peu connue, il est vrai — qui nous fournit le nom de la longueur voulue : Ἀρτύμνησος, πόλις

1. Les deux exemples suivants dans F. Puttkammer, *Quo modo Graeci victimarum carnes distribuerint* (Diss. Königsberg 1912), 43-44.
2. *IG*, II², 1187 (*Sylloge*³, 956). Sur le personnage et la date, étude récente de F. Mitchel ; cf. *Bull. Épigr.* 1965, 136.
3. *IG*, II², 1204.
4. *IG*, II², 1, l. 21-22 ; *Sylloge*³, 116 ; Tod, *Gr. Hist. Inscr.*, I, 96.
5. Tod, II, n. 100, l. 8. Cf. Ad. Wilhelm, *Jahreshefte*, 21-22 (1924), 167-168.
6. *IG*, II², 1214 ; dans Puttkammer, p. 44.
7. *IG*, XII 9, 199, 202, 203, 204, 206, 208, 210, 211, 216, 217, 220, 221, 222, 226, 231 ; *IG*, XII suppl., 551.
8. *Jahreshefte*, 24 (1929), 163-168, surtout 167-168.

Λυκίας, ἄποικος Ξανθίων · τὸ ἐθνικὸν Ἀρτυμνησεύς, écrit Étienne de Byzance. Nous en avons ici le nom authentique : κα[θάπερ Ἀρ]τυμνισσεῦσι.

Le nouveau décret nous apprend dès lors qu'Artymnissos était proche de Pinara. C'était aussi un port, ou du moins elle avait un port dans son territoire ; car on ne peut, semble-t-il, restituer autre chose que εἴσπ[λουν καὶ ἔκπλουν] au début du morceau conservé. Cette proximité avec Pinara concorde excellemment avec la suite de la notice d'Étienne de Byzance, qui cite un passage des ' Lykiaka ' de Ménékratès : Μενεκράτης ἐν πρώτῃ τῶν Λυκιακῶν φησιν ὅτι κτλ. Ce Ménécratès de Xanthos a servi de source aussi à Antoninus Liberalis[1] et à Denys d'Halicarnasse[2]. Étienne de Byzance, dont le texte est mutilé, écrit : ὅτι πολυανθρωπήσασαν τὴν Ξάνθον τοὺς πρεσβύτας εἰς τρία μέρη διελεῖν, τούτων δὲ τοὺς μὲν ἐπὶ τὸν Κράγον ἐλθεῖν, καὶ οἰκίσαι ἐν τῷ ὄρει λόφον στρογγύλον [κατοικίσαι] καὶ καλέσαι τὴν πόλιν Πινάραν, ἣν μεθερμηνεύεσθαι στρογγύλην · τὰ γὰρ στρογγύλα πάντα Λύκιοι πίναρα καλοῦσιν. Le texte s'interrompt ici ; mais il est clair que, comme on l'a toujours entendu, d'après la citation sous la rubrique Artymnésos, cette dernière ville était nommée, après Pinara, comme la seconde colonie des Xanthiens.

Quelles que soient les difficultés d'établissement du texte[3], on

1. *Met.*, 35. Il s'agit de l'arrivée de Létô en Lycie après ses couches, de la source près du Xanthe, des loups servant de guides et de la métamorphose en grenouilles des bouviers inhospitaliers et de leurs bœufs. Cf. O. Benndorf, *Reisen im südwestlichen Kleinasien*, I, 119. Létô, après avoir lavé ses enfants dans le fleuve, τὸν μὲν Ξάνθον ἱερὸν ἀπέδειξεν Ἀπόλλωνος, τὴν δὲ γῆν Τρεμιλίδα λεγομένην Λυκίαν μετωνόμασεν ἀπὸ τῶν καθηγησαμένων λύκων.

2. Les fragments dans Müller, *FHG*, II, p. 343, et dans Jacoby, *F. Gr. Hist.*, III C (1958), 769 (pp. 761-762). Göbel, dans *PW* s. v. *Menekrates 24* (1931), renvoie à Christ-Schmid, II 5, 1, 172, « wo er des Dialektes wegen [ionien] als in das 4. nachchristl. Jhdt. gehörig bezeichnet wird ». C'est un lapsus pour « IVe siècle avant J.-C. ». Cf. Schmid-Stählin, I, 2, p. 695, dans les « Ausläufer der Logographie » : « er ist schwerlich vor das 4. Jahrhundert v. Chr. zu setzen ». Jacoby : « s. IV a. (nach 424) ? » ; E. Kalinka, *TAM*, II, pp. 98 et 185 : « scriptoris IV. saeculi a. Chr. ».

3. Apparat critique dans Jacoby, p. 761. « Korrupt und lückenhaft », dit-il ; cf. Benndorf, I, 47, n. 1 : « in der mehrfach verdorbenen Stelle ». Le verbe κατοικίσαι était supprimé déjà par Saumaise ; Meineke suggérait (' forsan ') καὶ κτίσαι. Il semble faire double emploi avec οἰκίσαι (lecture de Le Paulmier pour οἰκῆσαι ou οἰκῖσαι). E. Kalinka, *TAM*, p. 185, supprimant κατοικίσαι et écrivant οἰκίσαι auparavant, dit en 1930 : « Has emendationes Ludovico Radermacher debeo » ; mais ce texte est déjà dans Benndorf et Moritz Schmidt. E. Kalinka, p. 98, en 1920, avait cité sous la forme οἰκῆσαι et en gardant κατοικίσαι ; il suivait le texte de Meineke et ne tenait pas compte de l'apparat. Jacoby place la croix du désespoir et de la corruption devant πρεσβύτας et il suggère dans l'apparat : « πολίτας ? ». Il est certain que ce sont les citoyens (et leurs familles) que l'on a divisés en trois groupes, et non les vieillards. Mais l'on comprend très bien que ce soient ' les vieillards, les anciens ', les γεραιοί (voir ci-après 55), qui aient procédé à cette répartition. Je comprends (sans doute comme mes prédécesseurs à l'exception de Jacoby) τοὺς πρεσβύτας comme le sujet de διελεῖν et τὴν ... Ξάνθον comme le complément ; ensuite, τούτων reprend le contenu de 'Xanthos', à savoir : ses habitants devenus trop nombreux. Nous avons un texte résumé.

doit conclure qu'il n'y eut pas trois colonies envoyées par Xanthos[1] ; on fit trois parts de la population de Xanthos, devenue surabondante : l'une fut envoyée pour fonder Pinara, une autre Artymnésos ; la troisième resta sur place ; car évidemment la ville de Xanthos ne fut pas abandonnée[2].

A quelle distance de Xanthos et de Pinara était située Artymnésos, on ne pouvait le savoir et l'on s'est abstenu sagement de conjectures sur ce sujet[3]. On voit maintenant par la trouvaille du décret d'Artymnissos que la ville était en rapport étroit avec Pinara. L'on voit aussi clairement que l'on n'aurait pas dû songer à faire disparaître l'unique témoignage sur Artymnésos de Lycie au profit de Tymnessos de Carie, transformée en ville de Lycie[4].

Pour préciser la situation d'Artymnissos, on dispose de l'indication du gardien de Xanthos, « apporté de Pinara »[5], et de la mention ' maritime, côtière ' εἴσπλους.

La ville de Pinara fut identifiée par Charles Fellows, non d'après des inscriptions donnant le nom de la ville, — elles ne furent découvertes que plus tard, — mais d'après le nom ' Minara ' que porte le village voisin des ruines, et le voyageur put aussitôt commenter la notice sur στρογγύλος, car, « au milieu des ruines de la ville antique s'élève un rocher rond très particulier, qui est proprement moucheté de tombes »[6]. Spratt et Forbes l'ont décrite à leur tour[7], puis Benndorf[8]. Le territoire de la cité comprenait,

1. Ainsi E. Stemplinger, *Studien zu den Ethnika des Stephanos von Byzanz* (Progr. München, 1902), 35 : « Die Erzählung von den übrigen zwei Kolonien fiel aus » ; Meritt, Wade-Gery et Mc Gregor, *The Athenian tribute lists*, I (1939), p. 556 : « Stephanos speaks of three colonies, Pinara, ['Αρ]τύμνησος, and a third unnamed ».

2. Ainsi O. Treuber, *Geschichte der Lykier* (1887), 93, n. 2 : « Wegen Übervölkerung teilen die πρεσβῦται von Xanthos die Bevölkerung in drei Teile, von denen der eine zurückbleibt, der zweite Pinara im Kragosgebirge, der dritte Artymnesos gründet ». D'après Treuber, E. Kalinka, p. 98 : « ... tertia (pars) Xanthi remanserit ».

3. Ainsi E. Kalinka dans son catalogue des villes de Lycie, *Jahreshefte*, 3 (1900).

4. E. Stemplinger, *loc. cit.*, 35, sur l'article Τυμνησσός, πόλις Καρίας (qu'il corrige à tort en Λυκίας) : « Identisch mit diesem Artikel ist 'Αρτύμνησος, πόλις Λυκίας » Cf. Meritt, Wade-Gery et Mc Gregor, *loc. cit.*, 556 ; note 3 : « It is not clear whether Stemplinger proposes to bracket the ['Αρ], but the coin leaves no doubt that Tymnessos is a real name ». Jacoby, *loc. cit.*, III a, 273, fr. 55, p. 279 : « ... hat Stemplinger mit Recht Steph. Byz. s. 'Αρτύμνησος ... herangezogen, man wird aber, zumal die Gründungslegende von Artymnesos fortgefallen ist, nicht ohne weiteres Tymnessos und Artymnesos gleichsetzen ». Cf. *Hellenica*, X, 191, n. 1.

5. Comme on l'a vu ci-dessus, le décret n'a pas été exposé à Pinara, mais à Artymnissos même.

6. *Entdeckungen in Lykien*, 246 ; et le dessin fig. 77. « Le mot lycien Pinara signifie ' rond ' d'après Étienne de Byzance ; le sens est ici confirmé de façon frappante ».

7. *Travels in Lycia*, I (1847), 7-8 (je traduis) : « Une tour en rocher prodigieuse, en face d'un précipice à pic, trouée de mille tombes, émergeait d'un ravin profond rempli de ruines et de sarcophages et coupé d'arêtes portant les plus importants édifices ». En face de la page 294, un dessin très évocateur avec ' la tour ronde '.

8. *Reisen*, I, 49 (je traduis). « Pinara n'est pas visible du village ; on ne l'a devant soi que du haut de l'extrémité du ravin où est situé Minara, mais tout d'un coup,

vers Xanthos, une partie de la vallée du Xanthos, avec les quatre ' baies ' que la vallée pousse dans les contreforts de la montagne[1] et les villages de Yakabağ, Kestep, Diep et Kabaağaç[2]. Au nord, la ville a dû posséder le lieu que les inscriptions sur place appellent Aloanda[3]. La mer, à l'Ouest, ne se voit pas du sommet de l'acropole, bien que la vue soit très étendue. L'acropole[4], « malgré sa situation défilée, sur le côté, possédait tous les avantages d'une guette ; du sommet on domine une partie considérable de la grandiose vallée du Xanthos, qui se manifeste ici comme la Λυκίη εὐρείη d'Homère. On ne reconnaît pas la mer ; elle est cachée au loin par un contrefort du Kragos et par les hauteurs côtières de Patara »[5].

On connaît peu la côte à l'Ouest du Kragos. Selon les Instructions Nautiques, « la côte est haute et escarpée pendant 10 milles. Elle forme de nombreuses criques, où les caboteurs viennent mouiller lorsque la brise est trop fraîche au large »[6]. Dans le Corpus,

spectacle qui se révèle subitement en dépassant l'attente la plus hardie. Presque en demi-cercle à l'arrière-plan, cachant haut l'horizon, se dresse une montagne massive et grise, haute de plus de 4000 pieds, avec des plaques de verdure, n'ayant qu'en un point une maigre station de pins jusqu'au sommet, ailleurs tombant d'un coup en formes nues déchiquetées. Apparemment isolé au milieu de ce théâtre de verdure s'élève un cône de plus de 2000 pieds, aplati au sommet, tournant vers le spectateur à l'Est un large front vertical qui est moucheté de centaines de petites grottes funéraires. C'est l'acropole de Pinara, qui tire son nom de la forme de ce cône gigantesque ». P. 45, fig. 31, croquis du panorama, pris d'un autre point que celui de Spratt. Planche XVIII, photographie d'une partie de l'acropole avec les tombes. Dans Freya Stark, *The Lycian shore* (1956), *ad* p. 124 (cf. pp. 127-128), photographie peu nette, mais qui montre de loin l'ensemble de cette acropole ' ronde ' ; le cliché est intéressant pour cela. Plan des ruines de Pinara, dressé par E. Krickl en 1892, dans *TAM*, II, p. 186 ; on y voit bien, à gauche, la forme et l'abrupt de l'acropole, correspondant aux descriptions. Cf. encore E. Kalinka, p. 185 : « eius [Menecratis] interpretatio nominis oppidi extra omnem dubitationem posita est ; namque confirmatur rotunda forma montis ardui, ad 500 m. (a mari 750-820 m.) alti, turris immensae similis, quo insignis est regio, atque in plano campo summae montis partis oppidum antiquissimum huius nominis conditum erat ».

1. Voir Benndorf, pp. 49-50. Je donnerai une traduction des pages 45-50 de Benndorf dans mon ouvrage « De la Chimère à Milet ».

2. Cf., avec Benndorf, E. Kalinka, 187-188, avec l'indication des inscriptions copiées dans ces villages et les restes antiques. Pour le n. 533 à Yakabağ, il faut le retirer de cet ensemble ; voir ci-après 28-29.

3. Cf. E. Kalinka, p. 588 B, après G. Davies, l'ethnique étant donné par le sarcophage n. 526 : Ερμοας Μεννέου Αλοανδεύς ; les cartes de R. Kiepert (cf. *FOA*, IX, p. 9) ; W. Ruge, *P. W.* s. v. *Pinara* (1950) : « möglicherweise » sur le territoire de Pinara.

4. Benndorf, *loc. cit.*, en disait encore p. 49 : « Die Burg ist so hoch, so trotzig und furchtbar sicher, dass ich ihr aus Griechenland kein Beispiel an die Seite zu stellen, nur die Stadt des Tantalos zu vergleichen weiss, welche Humann entdeckt hat ».

5. O. Benndorf, *ibid.*

6. *Méditerranée Orientale*, II, 170. Il s'agit de la côte au sud du Cap Angistro. Ensuite, « les Sept Caps sont formés par les extrémités des contreforts de plusieurs hautes montagnes, atteignant mille mètres d'altitude, et qui bordent la côte sur une distance de 7 milles ». Textes médiévaux sur les ' Sette Cavi ', Tomaschek, *Zur hist. Topographie von Kleinasien im Mittelalter* (1891), 45, qui rappelle ἄκρας ὀκτώ du Cragos dans Strabon, XIV, 665.

E. Kalinka a constitué, fasc. 1, pp. 88-90, avec les n°s 247-255, une sous-section intitulée ' Ora Occidentalis '. Il l'a placée après Sidyma, et non pas avec Pinara, laquelle est dans le fascicule 2, pp. 185-200. Il avait visité par mer cette côte, en 1908, et il avait débarqué à deux ruines : « Faralja (= Παράλια, chez les Turcs Farella) », avec un grand tombeau (n. 247) à 20 mètres au-dessus de la mer, et « à environ 2000 pas au nord-est » Faralja Assar, avec « un sarcophage (n. 248), un fragment de couvercle du type lycien, un mur antique avec une porte, une pierre carrée ornée d'une moulure et, à mi-chemin, les faibles restes d'une église chrétienne », — le port de Sandschaklik, avec un grand nombre de murs médiévaux sur une petite acropole[1] et des inscriptions mutilées et quelques tombeaux médiocres près du port. Il n'y a rien sur le pays, son apparence et ses ressources.

A Sancaklı (Sandjakli), au port ou à l'acropole, ont été relevées les épitaphes 249-255. D'après la carte, cette côte dépend manifestement de Sidyma. De fait les inscriptions 249-253 ordonnent de payer l'amende éventuelle « au peuple de Sidyma »[2] ; les possesseurs de l'hérôon avec l'inscription 249 se présentent comme ' citoyens de Sidyma ', Σιδυμεῖς[3]. Spratt et Forbes tiraient la conclusion dès 1847[4].

« Laissant Tortucar [Dodurga, Sidyma] nous montâmes en suivant la vallée jusqu'à son extrémité la plus élevée, qui est un précipice d'une grande hauteur dominant la mer. En haut de ce précipice serpente l'ancienne route en zigzag, marquée par le capitaine Beaufort sur sa carte de la côte de Caramanie. Nous la descendîmes pour examiner quelques ruines à sa base. Celles-ci étaient pour la plupart du moyen âge, mais il y avait trois sarcophages de marbre blanc, ressemblant au Paros pour le grain, les seuls de cette matière que nous ayons rencontrés en Lycie... Nous trouvâmes aussi une tombe construite, avec une inscription qui prouvait que ce lieu avait été la *scala* ou port de Sidyma[5]. De là nous nous dirigeâmes à travers de hautes montagnes vers un spectacle de la plus grande majesté. Un ravin gigantesque déroule son cours sinueux dans le plein cœur du Cragus, ses parois formées d'énormes précipices, leurs sommets couronnés de pins et

1. Il renvoie à G. Niemann dans Benndorf, I, 82.
2. Dans 252, à la ' gérousia ' de cette ville.
3. Cette inscription, dans sa première partie, la principale, était déjà dans J. Franz, *CIG*, 4224 *e*. Elle avait été publiée par Ludwig Ross en 1845 « ex schedis Gravesii », c'est-à-dire d'après une copie du capitaine Thomas Graves, officier de la marine anglaise qui procéda au relevé de ces côtes à partir de 1839 (cf. H. Kiepert, *Lykia, Erläuterungen zur... Karte* (1884), 7), comme ' commander of Her Majesty's surveying vessels on the coast of Asia Minor » (M. Leake, *Trans. R. Soc. Lit.* 1843, 1) ; Spratt et Forbes ont dédié leur ouvrage en 1847 (p. v) « to Captain Thomas Graves, R. N., F. R. A. S., F. R. G. S., etc., director of the survey of the Archipelago » ; copies de Graves communiquées par exemple à Le Bas (*Rev. Phil.* 1944, 46).
4. *Travels in Lycia*, I, 19-20.
5. C'est l'hérôon avec l'inscription 249. E. Kalinka ne renvoie pas à Spratt et Forbes. N'est-ce pas dommage ?

leurs faces étrangement rayées, comme des géants peints, de jaune vif et de noir de jais. Ils culminaient au-dessus de nous jusqu'à la neige même, surplombant en certains endroits, tandis qu'un grand golfe s'ouvrait sous l'étroit sentier en corniche où nous avancions. Pendant deux heures notre route passa par ce grand paysage. Il faisait noir avant que nous le quittions et que nous eussions atteint le village de Kapak ».

Le nom de Sancaklı n'était pas donné par les voyageurs[1]. Mais le géographe Carl Ritter le connaissait par le carnet de route de Schönborn en 1841 qu'il utilisait[2].

« Schönborn quitta une après-midi les ruines de Sidyma (29 décembre 1841) et de leurs hauteurs descendit vers le nord dans une très grande vallée plus basse de 300 pieds, qui monte vers l'ouest vers la hauteur du Cragus et qui est limitée au nord par les hautes crêtes du Mendus et ses falaises nues. Montant à un village tout en longueur, Awlan, où se trouvaient encore des oliviers, il ne fut pas peu surpris, à l'extrémité supérieure de la vallée, d'arriver sur le bord de la montagne tombant en abrupt et qui, tout contre le chemin, dégringole à une profondeur horrible vers la mer qui au pied déferle et mugit ; au bord, il aperçut le petit village Sandschakly (Sanjaklee dans Beaufort) et quelques ruines, qui consistaient seulement en des murs et quelques sarcophages. Un sentier très escarpé en zigzags conduisait au bas, mais comme un gros orage rendait la descente trop dangereuse et même presque impossible, Schönborn resta sur la hauteur et continua son chemin vers le nord. De la description des côtes dans le Périple de l'auteur anonyme il ressort que le lieu antique Calabantia, peu connu par ailleurs, concorde avec la localité de Sandschakly ».

De la seconde localité, ' Faralja ', proviennent les deux autres inscriptions groupées dans *TAM* sous la rubrique *Ora Occidentalis* après Sidyma, les n°s 247 et 248. Elles émanent de familles de Pinara[3] et l'amende éventuelle est à payer « au peuple de Pinara ». Le pays de Faralya faisait partie du territoire de Pinara[4]. Dans le

1. De même la copie de Graves ne pouvait être indiquée dans *CIG* qu'avec la localisation vague : « ad viam inter Cragum et Anticragum ».

2. *Klein-Asien*, II (1859), 960. Sur les voyages de Schönborn, voir *La Carie*, II, 59-61 et l'index *s. v.*

3. N. 247 : Ἡρόδοτος Γαίου Ἰουλίου Ἀσκληπιάδου Πιναρεύς, sa femme, καὶ τέκνοις Τληπολέμῳ Ἰάσονος, καθ' υἱοθεσίαν Ἡροδότου, Πιναρεῖ καὶ γυναικὶ αὐτοῦ καὶ Συμφερούσῃ Ἡροδότου, καὶ ἀδελφῷ Τληπολέμῳ Γαίου Ἰουλίου Ἀσκληπιάδου Πιναρεῖ. Ainsi Hérodotos, n'ayant eu de sa femme qu'une fille, Symphérousa, avait adopté un garçon, Tlépolème ; celui-ci, portant le même nom que le frère d'Hérodotos, pouvait être de la famille, mais ce n'était pas le fils de ce Tlépolème. — N. 248 : Μᾶρκος Αὐρήλιος δὶς Πιναρεούς ; pour la forme Πιναρεούς = Πιναρεύς, cf. *Rev. Num.* 1936, 278, n. 3 ; *Noms indigènes*, 12-13 (avec cet exemple), 95, 575 ; ce fait de phonétique a souvent surpris et il n'était pas connu au temps de Franz ; aussi celui-ci écrivait-il dans *CIG*, p. 1118 : « fortasse Πιναρεὺς scribendum licet apographis in ΟΥϹ consentientibus », avec renvoi à la page 1122 : là, Franz remarquait dans ces régions la fréquence de génitifs comme Εὐτυχέους, Ὁπλέους, etc., et il ajoutait : « Incertum an huc pertineat etiam Πιναρέους n. 4224 *c*, ubi quum titulus, ut nunc apparet, ad Pinarenses referendus sit, potius Πιναρεύς legendum videtur ». Ci-après un Λαοδικεούς 103, note 0 ; un Ἀντιοχεούς à Rhamnonte *Bull. Épigr.* 1966, 181.

4. W. Ruge l'a indiqué dans *PW* s. v. *Perdikiai* : « Zwei Grabschriften... lassen erkennen, dass P. zum Gebiet von Pinara gehörte » ; le même, s. v. *Pinara*.

Corpus *TAM* il ne fallait donc pas bloquer, à la suite de Sidyma, sous le titre commun ' Ora Occidentalis ', les inscriptions provenant de Faralya et de Sançaklı. L'itinéraire de Spratt et Forbes, traduit ci-dessus, a montré quelle était la coupure physique brutale entre les deux localités. Les classements des Corpus topographiques doivent être fondés sur la géographie historique, laquelle repose à la fois sur la géographie physique et sur les témoignages anciens, en l'espèce les deux séries d'inscriptions[1].

Pour les deux épitaphes de Faralya, 247 et 248 comme pour le nº 249, l'éditeur du récent Corpus, E. Kalinka, a renvoyé à l'édition antérieure sous la seule forme « *CIG*, 4224 e », « *CIG*, 4224 c et Add. », sans que l'on sache ni le nom de l'éditeur ni, chose aussi importante, celui du copiste[2]. Le n. 247 avait été publié par L. Ross d'après la copie de Graves, sans le nom de Faralya : « in sepulcro prope vicum Kalpek ad Anticragum ». Le n. 248 fut publié pareillement par L. Ross d'après Graves (d'où *CIG*, III, add., p. 1118), mais d'abord dans *CIG*, III, p. 133, d'après Schönborn : « In loco Farellan in monte Crago ad latus occidentale ; misit Schönbornius ».

Là encore, la description de Spratt et Forbes donne le nom du lieu, une allusion très claire à l'inscription et une idée des ruines et du pays[3]. Après être descendus de Kapak vers la mer, à la recherche d'une inscription qui ne s'y trouva pas, les voyageurs firent route vers le nord.

« De là nous avançâmes le long de la côte jusqu'à un remarquable cap blanc, qui présentait à distance l'aspect de craie, mais qui se révéla comme un calcaire, altéré jusqu'à ressembler à un marbre cristallin par la protrusion de filon de roche ignée. Vers le coucher du soleil nous atteignîmes ce que l'on appelait une ' église ', à savoir une tombe grecque tout à fait belle, construite en blocs taillés de calcaire poli, ressemblant étroitement par sa forme à une chapelle grecque moderne... Sur la porte est une longue inscription grecque, qui nous apprend que la tombe appartenait... à un certain Herodotus de Pinara. Il faisait nuit avant que nous atteignîmes Forellas, le village ou plutôt la ferme, où nous avions à passer la nuit... En entrant nous passâmes par une ancienne arche à moitié enterrée et, plus près de

1. Voir nos observations développées au sujet du classement des inscriptions de Crète dans *Inscr. Creticae* selon l'ordre alphabétique des villes et précisément sur la question ' ville et territoire ', *Bull. Épigr.* 1940, 6, pp. 199-201. Aussi *Hellenica,* XIII, 73 sqq., 77 sqq., 88 sqq., pour le classement par unités politiques des inscriptions du ' Pisido-Phrygian borderland ', au sujet de *MAMA*, VIII.

2. Cf. en dernier lieu *Hellenica*, XIII, 18-19, 250. Je ne saisis pas bien ces phrases de E. Kalinka, p. III du tome II : « Quo maiorem autem curam et industriam ad titulos reddendos et legendos adhibuimus, eo minus necesse videbatur renovare quicquid ante nos de iis prolatum erat, neque in nominandis auctoribus titulorum quos ipsi in itineribus nostris recuperavimus ultra CIG regressus sum ne *vanis nominibus* coacervandis paginas complerem » (j'ai souligné deux mots). Voir ci-après 19, note 1.

3. *Loc. cit.*, 21-23. Pas de renvoi à cet ouvrage dans *TAM*.

la maison, deux sarcophages et une porte, avec d'autres traces d'un site. A notre réveil au matin nous constatâmes que, dans l'obscurité de la nuit, nous n'avions pas vu un spectacle d'une grandeur achevée. Au-dessous de notre demeure s'enfonçait un ravin effrayant, fendu jusqu'à la mer, dont les vagues se brisaient contre le bord d'une petite plaine plate, enfoncée dans l'obscurité de l'abîme. D'immenses masses de rochers, déchirés, fendus et brisés, étaient dispersées et suspendues au-dessus de chaque saillie en pente, tandis que des précipices effrayants montaient jusqu'au sommet couronné de neige de l'Anticragus, qui s'élevait majestueusement au-dessus de ce golfe merveilleux à mille pieds au-dessus de la mer, dont nous voyions les vagues en même temps que le sommet de la montagne d'un même lieu. Il ne semblait pas y avoir de passage vers l'autre côté, et seul un habitant de cette rugueuse solitude peut deviner où il peut y avoir une route. Pourtant, il n'y avait pas seulement un chemin, mais une dizaine, et par endroits les chevaux pouvaient à peine avancer... »

Schönborn aussi était passé par ce village, puisque le *CIG* — non pas *TAM* — nous apprend qu'il y copia une inscription. On trouve sa description dans l'ouvrage de Carl Ritter, pp. 974-975.

« Schönborn se hâtait maintenant vers le nord, sur la hauteur entre des falaises sauvages, vers Makri (Telmessos). Il y avait peu de place pour des établissements et, par de très mauvais chemins, on montait et descendait, à 2 000 pieds au-dessus de la mer, par des forêts de thuya et de conifères, jusqu'à un village qui, lui, était parmi les noyers et les caroubiers. De là, descendant encore vers l'ouest pendant quelques heures, on atteint, à une certaine profondeur sous le haut col de montagne, sur son versant ouest, le village Farelan, vers lequel dévale un sauvage torrent parmi des lits rocheux, jusqu'aux jardins de ce village qui apparaît au voyageur comme une oasis paradisiaque dans le désert de pierre ; il est accueilli par les splendides bosquets de citronniers, qui, à la fin de décembre, étaient chargés de fruits, et par une abondance de raisins avec toutes les beautés d'une végétation méditerranéenne. C'est seulement vers la mer que s'ouvre un peu cette étroite vallée avec le charme de son paysage, et là elle était habitée aussi par les Anciens ; les sarcophages étaient sur le chemin et davantage de restes antiques doivent se trouver à la baie d'Assar, encore au-dessous de Farelan, sans doute les ruines de la station côtière mentionnée auparavant dans le Stadiasme, Perdicciae ».

Cette description et celle de Spratt ne valent-elles pas la peine d'être lues ? Schönborn et Spratt avec Forbes sont les seuls voyageurs qui aient fait ce voyage et vu les ruines en venant de la terre. Ni l'un ni l'autre n'est pourtant signalé dans *TAM*[1]. Il faut souligner à ce propos une fois de plus l'intérêt irremplaçable — et en tout cas irremplacé — des relations des voyageurs du XIXe siècle, archéologues ou non ; un ouvrage aussi ancien que celui de

1. Ce ne sont pas des *vana nomina* (cf. p. 18, note 2), mais ils sont ‘ Fleisch und Blut ’ pour qui veut comprendre et le pays et ses inscriptions. Ils ne sont point ‘ périmés ’ par l'activité de voyageurs plus récents et plus complets ; car personne n'a suivi ces itinéraires depuis eux, à savoir 1842 pour Spratt et Forbes, et 1841 pour Schönborn.

Carl Ritter est encore indispensable en bien des parties[1], et d'abord par ce qu'il a emprunté aux papiers de Schönborn, alors inédits et aujourd'hui perdus. Les itinéraires marqués sur la carte ' Kleinasien ' de Kiepert sont aussi une source indispensable et par eux-mêmes et parce qu'ils permettent de se reporter aux œuvres des voyageurs, quand elles ont été publiées.

L'identification de ces lieux a été proposée d'après le Stadiasme. E. Kalinka écrivait, p. 88 :

« Quibus locis quadam fide nomina antiqua Καλαβάτια et Περδίκιαι tribuere licet. Namque in stadiasmo 250 sq. haec leguntur (*Geogr. Gr. min.* I 494) : ἀπὸ Ἱερᾶς ἄκρας εἰς Καλαβαντίαν (sed in titulo Sidymensi n. 179 E 1 [Καλ]αβατιανοὶ) στάδιοι λ' · ἀπὸ Καλαβαντίων εἰς Περδικίας (Steph. Byz. : Περδίκια χώρα καὶ λιμὴν Λυκίας) στάδιοι ν'. Quae intervalla quadrant ad Sandschaklik et Faralja-Assar, si quidem de situ Ἱερᾶς ἄκρας dubitari vix potest ».

On a pu voir ci-dessus que ces identifications remontaient déjà en fait à Carl Ritter. La première paraît assurée, et notamment par le rapport qu'établit l'inscription de Sidyma entre cette ville et Kalabatia[2]. Il n'en est peut-être pas de même pour la seconde. C'est sensiblement plus au nord, à Gülmet ou Gölmend[3], que ' Perdiciae ' est placée dans les cartes de R. Kiepert[4], qui suit en cela H. Kiepert[5]. W. Ruge a marqué l'incertitude de la localisation[6] pour ce lieu qui est connu aussi par le récit de la Translation des restes de S. Nicolas à Bari[7] et encore par Marino Sanuto[8]. Le lieu

1. J'ai eu plaisir à lire une observation semblable sous la plume de W. Ruge, *PW* s. v. *Pamphylia*, 361 : « Eine ausführliche Darstellung des Landes, bei der auch die Verhältnisse im Altertum eingehend behandelt werden, gibt Ritter, *Asien*, XIX, 518 f..... Sie ist auch heute noch von Nutzen ».

2. *TAM*, II, 174, D, l. 1 : [Κα]λαβατιανοὶ πρυτάνεσιν ἀναφέρομεν πρὸς ὑμᾶς [κατ]ὰ τὸ ψήφισμα [τὸ]ν ἐκπεπτωκότα χρησμὸν κτλ. Pour les indications du Stadiasme, voir ci-dessus. Cf. W. Ruge, *PW* s. v. *Kalabatia*.

3. Ces deux noms sur la carte de Kiepert, *Kleinasien*. Gülmend dans la liste des villages.

4. *Kleinasien* en 24 feuilles ; *FOA*, VIII.

5. *FOA*, IX, et d'abord la carte de Lycie dans les *Reisen* et à part avec les *Erläuterungen zu der... Specialkarte* (1884).

6. *PW* s. v. *Perdikiai:* les 80 stades mènent environ à Gülmet (Gülmend) ; il n'y a pas là de restes antiques, mais plus au Sud à Faralya et Faralyaassar, « deswegen ist P. wohl richtiger dort zu suchen ». Je remarque que E. Kalinka, *Jahreshefte*, 3 (1900), 38, dans son catalogue des sites de la Lycie, marquait ' Gülme ' parmi les localités dont le nom ancien n'est pas connu.

7. G. Anrich, *Hagios Nikolaos* (1913), I, 442 : ἐν τῷ λιμένι ἀπέπλευσαν Περδικέας, ἐπὶ τὸν αἰγιαλὸν δὲ κατελθόντες κτλ. ; *ibid.*, II (1917), 537, G. Anrich a rappelé, comme on fait toujours, le Stadiasme et Steph. Byz. *s. v.* Περδίκια, οὐδετέρως, χώρα καὶ λιμὴν Λυκίας ; il n'a pas indiqué de localisation. Sur des lieux de cette région nommés dans cette Translation, voir *Hellenica*, X, 200, n. 7.

8. Ruge, *ibid.*, « Tomaschek... 45 zitiert eine Stelle aus Sanuto, in der P. genannt wird ». Tomaschek cite en effet : « a S. Nicolao de Livixo [c'est-à-dire Levisi près de

Perdikiai, connu comme une partie du territoire de Kaunos, doit n'avoir aucun rapport avec le Perdikiai de la côte de Lycie[1]. Ce toponyme, les Perdrix, est apte à se rencontrer en maint endroit[2]. Exactement dans cette région un portulan grec appelle ' Perdikonisi ' une petite île du golfe de Lévisi[3].

Mais surtout je dois relever que ce document ' de la fin de l'empire byzantin ' nous fait connaître le nom de Faralya dès le XVe siècle ou le début du XVIe au plus tard, exactement sous la forme qu'il a maintenant[4]. D'autre part, je pense, ce document si tardif vient nous apporter, si on le scrute, l'identification certaine de la moderne Faralya[5] avec l'antique Perdikiai du Stadiasme et d'Étienne de Byzance comme de la Translation de S. Nicolas à la fin du XIe siècle. Ce portulan II du recueil de Delatte a été

Telmessos] milliaria IV sunt ad Perdichias ». Voici le texte exact de Marino Sanuto dans les *Secreta Fidelium Crucis*, livre II, partie III, chap. 26 (dans J. Bongars, *Gesta Dei per Francos* (1611), II, p. 90) : en venant de l'Est, après Castel Rosso et Patara : « Megradicum sub Patra [Patara] ; bonum habet portum ex parte Orientis, aqua tamen carentem et ex parte terrae custodia est adhibenda. De Megradico ad Perdichias, milliaria sunt triginta ; bonum habet portum et aquam copiosam, nec dubitatur ex parte terrae. A Perdichiis ad S. Nicholaum de Liuixo, milliaria sunt quatuor ; bonum portum retinet aquamque affluenter... ». Pour la suite, Trachilus, Macre, Copis, Guia, Prepia, voir *Études Anatoliennes*, 505-512 ; *Hellenica*, X, 200, note 35 (dans ce dernier passage, aussi pour Levisi).

1. G. E. Bean, *JHS* 1953, 21, n. 5, l. 4, 7, 10, 20, 22 : Περδικίαθεν ; 23, n. 6, l. 7. Cf. p. 22 : « If this [la localité du Stadiasme et d'Étienne de Byzance], marked conjecturally on Kiepert's map », [B. n'en sait rien d'autre ; cf. *Bull. Épigr.* 1954, 229, pp. 169-170] is the same as the Perdicia of our inscription, it must represent a Caunian enclave on Lycian territory. This is perhaps possible, but the name is one that might well be liable to recur, especially on this coast were partridges abound. It is also remarkable that as many as five of our eleven magistrates come from Perdicia. A second place of this name nearer to Caunus is not to be excluded ».

2. Cf. W. Ruge, *loc. cit.* : « Benndorf, *Heroon von Gjölbaschi*, 28, 4, weist darauf hin, dass an der Südküste von Lykien das Rebhuhn besonders häufig ist ».

3. C'est exactement le S. Nicolas de Levisi que nous avons vu plus haut. Le portulan est édité par A. Delatte, *Les Portulans grecs* (Liège, 1947), p. 252-253 : ἀπὸ τὸ Λεβίσι ὡς τὸ Περδικονήσι ὅπου ἔναι ἡ ἐκκλησία ὁ Ἅγιος Νικόλαος ἀπάνω εἰς τὴν κορφὴ τοῦ βουνίου κτλ. ; puis le port Σίπολος ; le golfe de Levisi a 10 milles de tour. 'L'île de S. Nicolas ' avait gardé son nom ; c'est l'îlot juste au sud de Levisi sur la carte de Kiepert ; cf. *Instr. Nautiques, Médit. Or.*, II, 170 : île Karazora et île San Nikolo ; « ces deux îles sont couvertes de ruines » ; Tomaschek, *loc. cit.*, 45 : « das vorgelagerte Inselchen [devant Levisi] heisst noch jetzt Aï-Nikolao ». Du port Σίπολο le portulan dit : ἔναι καλὸς λιμιόνας καὶ δὲν τὸν ἐγνωρίζει ὁ ἄνθρωπος ἕως ὁποῦ νὰ πάγῃ εἰς τὴ σπιάτζα συμὰ ἀποκάτω εἰς τὰ βουνὰ καὶ τότες φαίνεται τὸ στόμα εἰς τὸ μάστορη · καὶ παραμέσα ἔχει νησὶ μαῦρο κτλ. C'est évidemment la ' Baie Simbalon ' des Instructions Nautiques : « Située à près de 1,8 mille à l'Est de l'île San Nikolo, elle offre un mouillage abrité par tous les temps... L'accès en est relativement facile, mais l'entrée, profonde de 5,8 mètres, n'a que 45 mètres de large. Les caboteurs mouillent souvent dans cette baie ». C'est le ' Symbola ' de la carte de Kiepert, assurément la forme authentique.

4. Juste après le passage cité, p. 263 : Τὸ νησὶ τῆς Φαραλίας μὲ τοὺς Σέτε Κάβους ἐβλέπονται εἰς τὴν κάρταν τῆς ὄστριας κτλ. ; 10 milles. Puis, de Σέτε Κάβους à Rhodes, 60 milles. De Σέτε Κάβους à Πάταρα, 10 milles.

5. Kiepert et Kalinka y voient de façon séduisante une transcription de Paralia.

édité pour une partie d'après l'édition de Démétrias Tagias à Venise en 1573 (cf. pp. xvi-xviii) et pour une autre d'après un manuscrit de Paris du xvie siècle (pp. xv-xvi) et l'édition de Tagias. Pour la côte qui nous intéresse ici, l'éditeur a eu ces deux sources. Il a imprimé dans son texte τῆς Φαραλίας d'après le Parisinus, et l'on voit comme le nom est bon, s'accordant à la toponymie moderne. Mais l'apparat critique note la variante de *t* (Tagias), qui est τῶν περνίζων. Il me paraît clair que nous devons reconnaître la transcription de l'italien *pernice*, ' perdrix '. Faralya s'appelait aussi — et auparavant — ' les Perdrix '. A l'époque du portulan, on employait encore ou on savait encore l'autre nom de Faralya. Comme on ne peut supposer, malgré la fréquence possible du nom ' les Perdrix ', qu'il y avait un lieu Perdikiai à Faralya et un autre à Gülmend, l'identification de Perdikiai et de Faralya me paraît certaine.

Ce site pourrait correspondre à celui d'une petite ville comme Artymnissos : proche de Pinara et faisant partie de son territoire à l'époque romaine, disposant d'un port et, comme on le voit par Schönborn, n'étant pas sans ressources. Cette identification ne serait pas contredite par celle de Faralya avec Perdikiai. Un nom parlant comme ' Perdikiai ' a pu oblitérer le vieux nom d'une Artymnissos déchue, comme il fut lui-même supplanté par Faralya. Les découvertes et l'exploration de l'avenir trancheront sans doute. Il ne semble pas qu'Artymnissos soit retrouvée un jour sur les bords de la vallée du Xanthos ; la ville a dû être un port.

En tout cas, Artymnissos a dû disparaître assez tôt en tant que cité, — non point son site naturellement. Ce fut après la date de notre décret. Certainement elle fut absorbée par la cité de Pinara, peut-être après une période de sympolitie.

Appendice 1. Inscriptions et témoignages sur Pinara.

Au n° 511 de son Corpus, E. Kalinka a repris une inscription, gravée sur une base près du théâtre :

Λεω[κράτη ?]ν τὸν καὶ
Τληπ[όλ]εμον Λεωνί-
δου τοῦ Τληπολέ-
4 μου Πιναρέα ὁ ἀξι-
ολογώτατος ἀγω-
νοθέτης Μᾶρκος
Αὐρήλιος Βασιλεί-
8 δης Πιναρεὺς καθ' ἃ
διέθετο ὁ Τλη-
πόλεμος.

L'agonothète Basileidès a élevé la statue d'un personnage dont le second nom était Tlépolémos en exécution du testament du dit Tlépolémos[1]. Le premier nom du personnage n'a été restitué que comme une suggestion. Le commentaire consiste en ceci : « Λεωνίδην brevius est quam ut lacuna suppletur ». Pourtant, dans la première édition E. Kalinka et R. Heberdey avaient lu et restitué : Λεων[ίδη]ν[2]. Le fac-similé du Corpus donne en pointillé la haste transversale d'un *nu*, après la première haste verticale, et non le reste d'un *kappa*. Il faut enfin remarquer que le père du personnage s'appelait Λεωνίδης.

Or, E. Kalinka a publié pour la première fois, sous le nº 535 — non plus parmi les ' inscriptions honorifiques ', mais parmi les épitaphes, — une base dont il avait copié l'inscription en 1892. Cette base a été trouvée au même endroit que l'autre : « près du petit théâtre ». La description est la même et les dimensions autant dire semblables[3]. Le nº 535 porte cette inscription :

Ἡγεμονίδα Μηνο-
δώρου δ' Ὀκταπο-
λει[τ]ίδα καὶ Πιναρί-
δα, κ[α]θ' ἃ διέθετο
ὁ γενόμενος ἀνὴρ
αὐτῆς Λεωνίδης
ὁ καὶ Τληπόλεμος
Πιναρεύς, ὁ ἀξιολο-
γώτατος ἀγωνοθέ-
της Μᾶρκος Αὐρήλι-
ος Βασιλείδης
Πιναρεύς.

Aucune explication, aucun rapprochement[4]. Il aurait dû être clair que ce sont des inscriptions jumelles, élevées l'une à côté de l'autre. Si la lacune de la ligne 1 de 511 est trop large d'une lettre pour le nom Λεωνίδην, c'est que, sur ce calcaire (il ne s'agit pas ici d'une stèle de marbre), une fente de la pierre a dû obliger à passer la place d'une lettre[5]. L'agonothète Marcus Aurelius Basileidès de Pinara a érigé en même temps deux statues : celle de Léonidès, dit Tlépolème, qui venait de mourir, et celle de l'épouse survivante, Hégémonis. Ce double honneur eut lieu selon les instructions de Léonidès dans son testament, καθ' ἃ διέθετο, et naturellement sur l'argent laissé *ad hoc* par celui-ci. Pourquoi

1. L'article à la ligne 9 marque bien que ce Tlépolémos a déjà été nommé.
2. *Denkschr. Wien*, 45, I (1896), p. 21, n. 6. Kalinka n'a pas rappelé cette restitution antérieure.
3. N. 511 : « basis quadrata lapidis calcarii crepidine superiore 0.53 m. alta a fronte et ab utroque latere acroteriis ornata, ab infima parte fracta, 1.14 m. alta, 0.48 m. lata, 0.45 m. crassa ; litterae 0.03 m. altae ». N. 535 : « ara quadrata lapidis calcarii crepidinibus et superiore et inferiore ornata a fronte et utroque latere. Jam terra obruta, plus quam 0.95 m. alta, 0.47 m. lata, 0.38 m. crassa ; litterae 0.025-0.03 m. altae ».
4. Comme les fascicules 1 et 2 de *TAM*, II, ne comportent aucun index, même pour les noms, l'éditeur ne s'est pas aperçu du rapprochement à faire, et le lecteur, pour le faire, doit vraiment *lire* toutes les inscriptions de Pinara.
5. On a remarqué que ceci était fréquent en Lycie.

est-ce l'agonothète qui eut à procéder à l'exécution de ces honneurs ? Assurément parce que le même testament de Léonidès instituait une fondation, dont les revenus devaient servir à célébrer un concours local, une *thémis*, comme il y en a tant et tant d'exemples spécialement en Lycie, en Pisidie et en Cilicie Trachée. Il était normal que fut prévue, pour la première célébration du concours, l'inauguration des statues du fondateur et de son épouse. Ce concours aura été appelé θέμις Λεωνίδειος, comme à Antioche du Kragos en Cilicie, ou ' thémis de Tlépolémos '. On peut l'ajouter à ce que nous savons des institutions de la ville de Pinara.

C'est par une curieuse erreur que le n° 535 a été classé parmi les inscriptions funéraires. Il n'y a qu'un défunt dans cette inscription, c'est le testateur et fondateur. L'inscription honore la femme survivante. Les deux inscriptions auraient dû être éditées ensemble, sous deux numéros consécutifs, 511 et 512 ; elles ont été rédigées ensemble et leur caractère est le même[1].

Hégémonis était devenue citoyenne de Pinara, apparemment par son mariage. De naissance elle était citoyenne d'Octapolis. Cette ville de Lycie, connue par Ptolémée, V, 3, 3, a été identifiée, aux confins de la Lycie et de la Carie, aux ruines de Kızılkaya, grâce à deux inscriptions, nommant τῶν ἐν 'Οκταπόλει ἀρχείων et une 'Οκταπολῆτις. E. Kalinka lui-même a réuni dans le 1er fascicule du tome II (1920), pp. 54-55, les quatre inscriptions copiées sur ce site et dont deux étaient inédites[2]. Or, on y peut constater ceci ; je le répète, il n'y a pas d'index. Le n° 165 appartient à l'hérôon construit par une femme, Θεογ[ενὶς Μ]ηνοδώρου γ' τοῦ Μενεκλέους 'Οκταπολῆτις. Il me paraît clair qu'il s'agit de la famille dont était issue Hégémonis, la femme de Léonidès de Pinara ; Théogénis était antérieure d'une génération à Hégémonis, puisqu'elle était la fille de Ménodôros, quatrième descendant de Ménéclès, tandis qu'Hégémonis était la fille du cinquième Ménodoros descendant de Ménéclès. Il faut reconnaître la même famille dans le n° 166 : Τὸ μνημεῖον κατεσκεύασαν Μηνόδωρος καὶ 'Αντίπατρος οἱ Μενεκλέους. Cette fois, on remonte à Ménodôros I, fils de Ménéclès. Cela est encore assuré par le nom Antipatros, frère de Ménodôros. Car, dans 165 Théogénès nomme ὁ κληρονόμος μου ῞Αρμοστος 'Αντιπάτρου τοῦ καὶ Μηνοδώρου. Le nom 'Αντίπατρος était dans la famille[3].

1. Le n° 511 a justement été classé parmi les ' honorifiques ' ; que le personnage honoré soit défunt, cela ne la transforme pas en une épitaphe. Le lieu d'exposition du n° 511, qui est aussi celui de 535, était défini par Heberdey et Kalinka dans la première édition : « près du petit théâtre, sur l'agora ».

2. Copiées par R. Heberdey en 1898.

3. Antipatros plusieurs fois dans la région, sur une inscription d'un site voisin

Les témoignages relatifs à Pinara ont été rassemblés dans *TAM*, II, pages 186 et 187. W. Ruge les a complétés dans *PW* s. v. *Pinara* (1950), en alléguant la « prière d'un Pinaréen, *IG*, XII 5, 712 » à Syros. C'est précisément une inscription chrétienne, parmi la grande série des souhaits de bonne navigation et des prières de patrons de navires ; ici : « Seigneur, conserve sauf le navire, appelé Marie, d'Isidore de Pinara »[1].

Quelques textes oubliés ne sont pas sans intérêt. D'après une célèbre inscription de Lagina, après la guerre de Mithridate et les faveurs accordées à Stratonicée par Sylla et le Sénat romain, la liste des villes qui « acceptèrent l'asylie du sanctuaire et le concours pentaétérique célébré en l'honneur d'Hécate Sôteira Épiphane et de Rome déesse Bienfaitrice » comprend Pinara, avec les autres villes lyciennes de Patara, Xanthos, Tlos, Limyra et Myra[2].

A Sidon, vers le tournant du IIIe et du IIe siècle, les soldats de Pinara sont assez nombreux pour former un πολίτευμα qui honore « le Lycien Kartadis fils d'Hermaktibilos »[3]. Ce sont deux beaux noms lyciens[4].

Il ne semble pas y avoir de Pinaréens dans les inscriptions d'Athènes ni de Rhodes. Mais à Délos un petit autel porte cette dédicace : Εἰρηναῖος Εἰρηναίου Πιναρεὺς Ἀφροδίτῃ χαριστήριον[5].

Appendice 2. Une inscription de Byblos et deux inscriptions de Pinara.

Parmi des inscriptions grecques copiées sur la côte de Phénicie, R. Dussaud a publié autrefois celle-ci[6] :

Δικαιοσύνη
Ἀντίστιος Κάλλιστος.

Cette inscription à Byblos, gravée « sur une dalle (1 m. 50 × 0 m. 45) », était conservée au sud de la ville, « dans la propriété

d'Octapolis, à Hippoukômè (cf. *Villes d'Asie Mineure*², 152-153, 363, 463 ; *Noms Indigènes*, 546). Ce n'est sans doute pas un hasard qu'apparaisse là un [Μη]νοδώρου [τοῦ] Μενεκλέου[ς], *TAM*, II, 170.

1. *IG*, XII 5, 712, graffite 75 : Κ(ύρι)[ε] σῶσον τὼ πλοῖον Μαρία Ἰσιδόρου Πινα[ρ]έως. Cf. *Bull. Épigr.* 1956, 3, pour cette série et pour les noms de navires.
2. *OGI*, 441, 211.
3. G. Mendel, *Catalogue Sculpt. Constantinople*, I, 106 : Πιναρέων τὸ πολίτευμα Καρταδιν Ερμακτιβιλου Λύκιον · χρηστὲ καὶ ἄλ[υπ]ε χαῖρε.
4. Je les ai signalés dans *BCH* 1935, 430, note 2 ; cf. *Noms Indigènes*, 85, note 1. Ils se trouvent maintenant dans L. Zgusta, *Kleinasiatische Personennamen* (Prague, 1964), nos 543, 1 et 355, 11.
5. *I. Délos*, 2390.
6. *Revue Arch.* 1896, I, 300. Une feuille à la fin de la seconde ligne.

de Mlehm Mansour ». Elle a été considérée comme une épitaphe et transcrite comme ci-dessus. Ce n'est pas seulement parce qu'il y a au sud de la ville « une vaste nécropole », d'où proviennent deux des inscriptions publiées avec celle-ci. Je crois qu'on n'a pas pensé à l'interprétation qui, aujourd'hui, me paraît évidente, parce que nous sommes très souvent surpris par la divinisation des personnifications d'abstractions, et plus encore à la date où a été publié ce texte. Dans l'hypothèse d'une épitaphe, on peut être surpris par le simple nom Δικαιοσύνη groupé avec celui d'*Antistius Callistus*, par la place, en tête, de ce nom de femme et, contre l'habitude, rien n'indique le rapport des possesseurs du tombeau. D'autre part d'après la transcription, en majuscules, le mot *Dikaiosynè* est placé, au-dessus de celui d'*Antistius Callistus*, juste au milieu, laissant un blanc à gauche et à droite. Il me paraît donc clair que nous devons transcrire :

Δικαιοσύνη
Ἀντίστιος Κάλλιστος[1]

C'est une dédicace, comme trois autres inscriptions de Byblos publiées par le même éditeur en ces deux pages[2], et Antistius Callistus avait fait hommage à la Justice personnifiée. On a d'ailleurs déjà plusieurs témoignages du culte de Dikaiosynè : dédicaces comme celle-ci, mentions de prêtres ou prêtresses[3] à Athènes, à Épidaure, à Alexandrie, à Pinara, à Mylasa-Olymos et à Héraclée de la Salbakè[4] ; une inscription de Termessos de Pisidie nous fait connaître aussi ce culte : c'est l'épitaphe de Ἱερεὺς Δικεοσύνης Πό(πλιος) Τρωΐλου[5]. Dans les pays syriens, on connaissait le culte à Gérasa : un personnage a dédié une statue de culte, ἄγαλμα Δικαιοσύνης, au nom de son fils, pendant que celui-ci était agoranome.

1. Un cas comme celui-ci peut montrer suffisamment combien il est fâcheux de se priver gratuitement de l'aide du *iota* souscrit dans la transcription des inscriptions, ainsi qu'on l'a fait couramment et inexplicablement dans *TAM*.

2. P. 301, un autel avec la formule κατ' εὐχὴν ἀνέθηκε. — P. 299, une dédicace [Διὶ Σ]ωτῆρι Ἀπολλόδωρος Νείκωνο(ς) ἀπὸ σεισμοῦ διασωθεὶς ἀνέθηκεν. — Une dédicace Διὶ Ὑψίστῳ. Republiée avec photographie par S. Ronzevalle, *Revue Biblique* 1903, 405-407 et 410 : buste du dieu drapé, avec le sceptre ; foudre dans le champ.

3. Je les ai réunis ou expliqués dans *Mélanges René Dussaud* (1939), II, 731-733. Je ne parle pas des représentations monétaires de Dikaiosynè, qui ne témoignent pas nécessairement d'un culte. Tel est cependant le cas à Prymnessos de Phrygie ; j'en traite dans un chapitre de mon ouvrage *En Asie Mineure*.

4. Ce dernier texte repris dans *La Carie*, II, n. 56. C'est Ad. Wilhelm, *Sitz. Berlin* 1933, 85, qui avait reconnu la déesse : ἱερείας [διὰ βίου ? τῆς] Δικαιοσύνης τῆς [πόλεως], au lieu de : ἱερείας - -, δικαιοσύνης τῆς [πρὸς τὴν πόλιν].

5. *TAM*, III, 731. Relevé déjà, d'après l'article *PW* s. v. *Termessos*, *Bull. Épigr.* 1939, 501, en analysant l'article des *Mélanges Dussaud*.

C'était le point de départ de mon article des *Mélanges Dussaud*. J'y avais montré que si Dikaiosyné pouvait être identique à Isis, il n'y avait pas à supposer cette identification dans les inscriptions qui parlent de Dikaiosynè seulement, et j'ai montré la convenance entre la consécration d'une statue de Dikaiosynè et les fonctions d'agoranome. L'inscription a été republiée par C. B. Welles dans *Gerasa* (1938), n. 53 ; il a signalé mon interprétation, p. 369, communiquée par lettre, après avoir lui-même, p. 400, indiqué le caractère du culte à Gérasa : « there seems no reason, with Jones, to see in this a personification of Isis although the association of Ἶσις-Δικαιοσύνη is common ; cf. most recently S. Dow, *Harvard Theol. Rev.*, 30 (1937), 212 f. » ; « the statue of Justice is apparently a reflection of Eumenes' conduct in office ». Même interprétation dans O. Eissfeldt[1], mais elle est présentée de façon inexacte : « ein Bild der Gerechtigkeit... Denn hier ist kaum, wie man wohl gemeint hat (vgl. *Gerasa*, S. 400), an die als Dikaiosyne, ' Gerechtigkeit ', vorgestellte Göttin Isis zu denken, sondern an ein Symbol[2] der Gerechtigkeit als Zeugnis für die lautere Amtsführung des Geehrten[3] ». Au passage cité, *Gerasa*, p. 400, l'éditeur a précisément mis en doute ou écarté l'identification avec Isis, loin de la soutenir comme on le croirait d'après O. Eissfeldt.

J'avais insisté sur les rapports entre les fonctions d'agoranome et la Justice. Ils sont illustrés de façon très frappante par tel poids de la région de Gaza, qui porte d'un côté l'image de la déesse avec la balance et la corne d'abondance et avec son nom expressément indiqué, Δικαιοσύνη, et de l'autre la mention de l'agoranome en charge pendant le second semestre de l'an 86 : ἔτους ϛπ', β' ἑξαμήνου, ἐπὶ Ἀλεξάνδρου Ἀλφίου ἀγορανόμου[4].

Maintenant une trouvaille sur la côte de Carie, à Iasos, où une statue de Dikaiosynè avait été élevée par un citoyen : τὴν Δικαιοσύνην τῶι Δήμωι Διοκλῆς Διοκλείους[5].

J'ai publié ici cette explication d'une inscription de Byblos, prête depuis longtemps[6]. En effet, j'ai dû utiliser ci-dessus une inscription de Pinara, qui mentionne le sanctuaire d'Apollon et la Justice.

1. *Tempel und Kulte syrischer Städte in hellenistisch-römischer Zeit* (*Der alte Orient*, 40 ; 1941).
2. Le mot signifie-t-il ' personnification ' ?
3. Il n'y a pas de personnage ' honoré '. C'est une dédicace faite par un père au nom de son fils.
4. Ch. Clermont-Ganneau, *Recueil arch. or.*, 3 (1900), 82-86 : *Sur un poids en plomb à légendes grecques provenant de Syrie*, avec la planche II (cf. E. Michon, *Dict. Saglio-Pottier*, s. v. *Pondus*, 556 A). Ce savant l'attribuait soit à Gaza soit à Ascalon. H. Seyrig, *Notes on Syrian coins* (*Num. notes mon.*, 119, 1950), 30, note 36, estime que la date de 25-26 p. C., correspondant à l'ère de Gaza, convient fort bien à l'aspect du poids et à l'écriture, et non pas celle de 190, correspondant à l'ère d'Ascalon.
5. D. Levi et G. Pugliese Carratelli, *Ann. Sc. Arch. Roma*, 39-40 (1961-1962 ; 1963), p. 586, n. 15, avec photographie. Commentaire : *Rev. Ét. Anc.* 1963, 312-313. Là, il n'y a pas de culte attesté formellement.
6. A l'exception des lignes finales sur une inscription d'Iasos.

L'inscription *TAM*, II, 509, gravée sur une colonne, était présentée ainsi dans ce Corpus par E. Kalinka, dans la section des inscriptions honorifiques :

[Ὑπὲρ] δικαιοσύνης καὶ τύχης
[Ἰ]ạσονος τοῦ Ἰάσονος
τοῦ Πιγρέους
4 - - - - - καὶ τὸ ἱερὸν τοῦ Ἀπόλλωνος
[καὶ τὰ ἐ]ṿ[τὸς] ἀγάλματα ἀνατεθεικότος.

Apparat critique. « Ormerod and Robinson, *JHS* 1914, 2 sq., n. 5. V. 4 Wilhelm : [τοῦ] καὶ eqs. V. 5, *JHS* : « or possibly [καὶ ξόανο]ṿ [καὶ] ». « Litterae elegantes 0.0175^{m} altae ».

Je n'ai pu comprendre ici le sens de la formule ὑπὲρ δικαιοσύνης, et dans la construction de l'inscription et en elle-même ; car si l'on fait des dédicaces ὑπὲρ ὑγιείας ou ὑπὲρ σωτηρίας d'un tel, ὑπὲρ νίκης d'un empereur, que signifierait ὑπὲρ δικαιοσύνης Ἰάσονος ? J'ai supposé que c'était un autel dédié à la Justice et à la Fortune, avec le simple génitif, normal en ce cas : Δικαιοσύνης καὶ Τύχης[1]. Je l'ai séparé entièrement du génitif suivant, qui aurait indiqué le dédicant : « (Autel) de la Justice et de la Fortune. (Autel de, c'est-à-dire élevé par) Jason fils de Jason ».

Dans le même Corpus, parmi les épitaphes, on lit au n° 533 l'inscription suivante, gravée sur un autel rond :

vacat Τύχης
Κλείτου τοῦ Καλλικράτους [καὶ]
Τεδιαρσάσιος τῆς
4 Ἀρχεστράτου τοῦ Ἄ̣λ̣β̣ου τοῦ
Ἀρχεστράτου Βρύωνος
τοῦ Βọύτα.

Le nom Τεδιαρσασις, bien lisible, a été reconnu par Ad. Wilhelm comme nom indigène. Enregistré par L. Zgusta, *Kleinas. Personennamen*, n. 1529, 2. — Le dernier nom de la ligne 4 reste douteux : Ạλβου ou Ạαḳου (suggestion de Zingerle). — Pour les noms grecs Βρύων et Βουτᾶς, voir *Noms Indigènes*, 164-165 et 173-175.

On ne peut malheureusement juger de la date par l'écriture, car E. Kalinka n'a pas donné un fac-similé, mais il a reproduit les capitales du premier éditeur G. Davies, *JHS* 1895, 105, n. 10. Pourtant il a disposé de l'estampage de Davies et d'un estampage de J. Zingerle (1908).

E. Kalinka donne cette provenance et cette description : « Yakabagh in alveo rivi ara rotunda lapidis calcarii », avec les

1. *Mélanges Dussaud*, II, 732.

dimensions. Il a cité la pierre, p. 188, parmi celles de Yakabağ (cf. ci-dessus 15), avec cette réserve, de caractère général, que ces monuments, étant de petite taille, avaient pu être apportés des ruines de Pinara. Il faut se reporter à la première édition, celle de Davies, pour apprendre ce détail capital pour la provenance : « At Yakabagh, on a cylindrical stele said to have been brought from Pinara ». Un Corpus ne devrait pas ' laisser tomber ' un tel renseignement d'un devancier.

La formule initiale est fort originale. On ne peut guère entendre, je pense, autre chose que : (Autel) de la Tychè d'un tel (et une telle)[1]. Cela entre dans les idées religieuses sur Tychè à l'époque hellénistique et la Tychè ou l'Agathè Tychè des personnages. Aurait-on là une formule funéraire propre jusqu'ici à Pinara ? L'inscription a été rangée parmi les ' tituli sepulcrales '. Cela ne convient pas à Tychè. L'inscription est à rapprocher étroitement du n° 509, qui figure parmi les ' tituli honorarii '. J'écris dans ce dernier : Δικαιοσύνης καὶ Τύχης 'Ιάσονος τοῦ 'Ιάσονος, sans rien qui précède Δικαιοσύνης et en rattachant étroitement le nom de Jason à celui des deux divinités. Ce sont apparemment deux autels élevés l'un à la Tychè de Kleitos, l'autre à la Justice et à la Tychè de Jason. Ce dernier, qui avait consacré des statues de culte et peut-être un sanctuaire d'Apollon[2], avait dû jouer un rôle civique important ; il s'était distingué par sa ' Justice ', et on élève un autel à cette qualité divinisée.

1. Le mot τύχης a été lu par les épigraphistes autrichiens, Heberdey en 1898 et Zingerle en 1908. Davies avait donné en majuscules Τ. ΧΗΣ et il ne débrouillait que ceci : « Nothing appears from this except the names of Kleitas, Archestratos, and possibly Kallikrates ».

2. Il avait pu seulement réparer ce dernier.

II. UNE DONATION DE TERRES A XANTHOS

Une pierre de Xanthos, transportée à Liverpool, fut publiée en dernier lieu par Ernst Kalinka en 1920 dans *TAM*, II, 261, avec des restitutions ou des observations de divers savants autrichiens. La première édition était due à James Yates en 1865 dans *Monatsberichte Akad. Berlin*, 611-613[1]. Elle consistait en une copie en majuscules des trois inscriptions qui étaient gravées sur les trois côtés d'un bloc prismatique. Kirchhoff y ajouta une transcription en minuscules et une restitution de l'inscription la plus longue et la mieux conservée. En 1914, H. A. Ormerod, ayant revu la pierre à Liverpool, donnait une lecture et restitution suivie des trois morceaux, qui a servi de base à l'édition *TAM*[2].

La mention de l'hipparque, A 7, a fait dater l'inscription d'avant 43 de notre ère, date de la réduction de la Lycie en province romaine[3], au plus tôt du Iᵉʳ siècle avant notre ère[4].

1. L'éditeur indiquait ainsi la provenance : « A block of white marble from Xanthus in Lycia was presented to the Royal Institution in Liverpool by Joseph N. Walker Esq. in November 1844 ». C'est le même Yates qui avait transcrit et à l'occasion commenté les inscriptions copiées par Fellows dans son premier voyage ; cf. *Journal written during an excursion in Asia Minor* (1839), pp. VI et 311 sqq.

2. *Annals of Archaeology and Anthropology Inst. Arch. Univ. Liverpool*, 6 (1914), *Greek inscriptions in the Museum of the Liverpool Royal Institution*, pp. 99-105.

3. Ormerod, 102 : « The mention of the office of ἵππαρχος *(= praefectus equitum)* gives a *terminus ante* for the date of the inscription. The office was not maintained after 43 A. D., the year in which Claudius deprived Lycia of its autonomy, and is henceforward mentioned only in such phrases as ἀπόγονον ναυάρχων καὶ ἱππάρχων » ; Kalinka : « id quidem ex *a* 7 apparet latus *a* inscriptum esse antequam Lycia anno 43 p. Chr. n. in formam provinciae Romanae redigeretur ». La lecture de la ligne 7, avec mention de l'hipparchat et de la stratégie des Lyciens, est due à Ormerod. Kirchhoff ne pouvait qu'être égaré par la copie de Yates et il écrivait, suivi par R. Cagnat, *IGR*, III, 635 : καὶ π[ροσ]τα[τή]σ[α]ντα ταῖς [ἑορ]τ[αῖς τῶν θυ]σιῶν. J.A.O. Larsen, *Class. Phil.* 1945, dans une étude sur la Confédération Lycienne, a confirmé, pp. 95-96, que la mention de l'hipparque n'apparaissait que dans les documents de la période de l'indépendance.

4. Kirchhoff : « Die Inschrift gehört der römischen Zeit an, frühestens den letzten Decennien des ersten Jahrhunderts vor unserer Zeitrechnung » ; Ad. Wilhelm (voir ci-après), 331 : « πιθανῶς κατὰ τὸν πρῶτον πρ. Χρ. αἰῶνα, ἐξ ἅπαντος πρὸ τοῦ ἔτους 43 μ. Χ., ἐν ᾧ ἡ Λυκία ἐγένετο ἐπαρχία Ῥωμαίων ». Larsen, *loc. cit.*, 96 : « the most likely date probably is sometime in the first century B. C., and, even if allowance is made for unusually late use of early forms, the document must still belong to the period of independence ».

Les inscriptions A et B sont mutilées au début comme à la fin[1]. L'inscription C était complète avec ses 9 lignes et donnait la fin de A ou de B[2]. Le tout se rapporte au même personnage et à la même affaire[3]. La personne honorée s'appelait 'Αρταπάτης Στασιθέμιος, comme l'a reconnu H. A. Ormerod[4]. Son nom est d'origine iranienne. Ad. Wilhelm[5] a rattaché ce personnage à la famille de Tlépolémos fils d'Artapatès, qui fut à Alexandrie prêtre d'Alexandre et des Dieux Adelphes en 247-246 à peu près d'après divers papyrus[6] et qui était ' Lycien ' d'après un fragment de décret à Delphes[7]. L'implantation de familles perses en Lycie est attestée par l'anthroponymie[8] ; ainsi peut-être Μαρδόνιος[9], en tout cas Δατάμης[10], 'Αρσάμης, 'Αρσάκης, Φαρνάκης, Μιθροδάτης ; 'Αρταπάτης

1. Les trois inscriptions sont citées ici comme A, B, C selon la numérotation d'Ormerod et de Kalinka. Dans la première édition, C était II, et B était III.

2. Cf. Ormerod, 105 : « The inscription is engraved on the lower part of the stone, the space above being left plain, and seems to conclude with the word παίδων. There is room for another line below, which, however, is not filled. There is little difference in the forms of the letters on the three sides, and side *c* may well be the continuation of either *a* or *b*, both of which contain a reference in the last line to ἀγωνοθέτης or ἀγῶνες ». Ce morceau me paraît avoir sa place bien plutôt à la fin de A, dans les prescriptions sur la proclamation des honneurs, qu'à la fin de B, texte dont on verra plus loin le caractère exact.

3. Ormerod écrivait, p. 104 : « The few surviving letters of lines 1-3 [de B] suggest that this inscription may also concern the Artapates, son of Stasithemis, mentioned on face *a*. The document apparently is a will containing the bequest of certain lands at Pinara and Tlos to Leto, Apollo and Artemis ». Kalinka faisait remarquer que les lettres étaient très semblables pour les dimensions et les formes dans les trois inscriptions ; il discutait sur la présence inégale de l'iota adscrit.

4. *Loc. cit.*, 102, qui a lu ['Α]ρταπάτην Στασιθέμιος : « Mr. Yates ' copy has ΑΤΑΤΑΤ ΣΤΑΣΙΘΕΜΟΣΙ, for which Kirchhoff has suggested [κ]ατὰ τὰ [πάτρια] Στασίθεμι[ν] Σι[δυμέα ?]. For the name 'Αρταπάτης suggested in my reading above cf. 'Αρτοπάτης or 'Αρτόπατος at Cyaneae (*IGR*, III, 700 : 'Αρτοπάτου) ».

5. *Praktika Akad. Athen.*, 6 (1931), 329-333. D'où M. Launey, *Recherches sur les armées hellénistiques*, I (1949), 571 ; il n'a pas connu la seconde étude d'Ad. Wilhelm citée ci-après note 7.

6. Sur ces témoignages, voir maintenant, pour 247-246 et 245-244, J. Ijsewijn, *De sacerdotibus sacerdotiisque Alexandri Magni et Lagidarum eponymis* (1961), pp. 26-27, 74-75 ; l'auteur n'a pas connu les deux études de Wilhelm.

7. Ad. Wilhelm en a traité *loc. cit.*, 329-330, après Nikitski et Bourguet. G. Daux, *Delphes au IIe et au Ier siècle* (1936), a republié et commenté ce fragment, pp. 517-518, sans connaître l'article d'Ad. Wilhelm. Ce dernier savant est revenu sur le sujet et sur les conjectures relatives à la date et au contenu du fragment de Delphes dans *Pragmateiai Akad. Athen.*, 4 (1936), 35-36. Je confirmerai ailleurs ses vues à ce sujet.

8. Voir P. Bernard, *Syria* 1964, *Une pièce d'armure perse sur un monument lycien* (sarcophage de Payava à Xanthos), 209-211. Je lui emprunte tous les exemples ci-après. Il a renvoyé à mes études sur les groupements perses d'après l'anthroponymie en Carie et à Apamée du Méandre. Pour la Cappadoce, etc., voir *Noms Indigènes* (index, s. v. Perses, p. 641) ; pour les deux versants du Sultan Dağ (Lycaonie et Pisidie), *Hellenica*, XIII, 94.

9. *Villes d'Asie Mineure*, 56, note 0.

10. A Arsada, *TAM*, II, 546. Du génitif Δατάμου, il faut tirer Δατάμης, forme courante du nom, et non, avec P. Bernard, Δάταμος, qui n'est pas attesté.

a été relevé, en dehors de l'inscription de Xanthos, à Tlos précisément[1], à Rhodiapolis[2] et à Kyaneaï[3].

La correction d'un passage de B est l'objet essentiel de mon étude. Mais il faut aussi présenter quelques remarques sur le morceau A. Comme ce dernier mentionne une ambassade à Rome, il a été reproduit aussi, au début de ce siècle et avant la révision d'Ormerod, dans *IGR*, III, 635, d'après Kirchhoff[4]. Je donne ici le texte complet tel qu'il a été établi dans *TAM*.

[τὸ δὲ ψήφισμα τόδε ἀνέγραψαν ἐν στήλῃ ?]
1 [λιθίνῃ καὶ ἀνέστ ?]ησαν 'Από[λλωνι ? καθὼς]
[ὑπογ]έγραπται · στεφανοῖ [Ξανθίων ὁ δῆ]-
[μος] 'Αρταπάτην Στασιθέμιος [Ξάνθιον],
4 [πολι]τευόμενον δὲ καὶ ἐν ταῖς κ[ατὰ Λυκίαν]
πόλεσι πάσαις χρυσῷ στεφάν[ῳ ἀριστεί ?]-
ωι, ἄνδρα ἀγαθὸν διὰ προγόνων γ[ενόμε]-
νον καὶ ἱππαρχήσ[α]ντα καὶ στρ[α]τηγ[ήσαντα]
8 [Λ]υκίων καὶ ἀγωνοθετήσαντα κ[αὶ πρεσ]-
[β]εύσαντα εἰς 'Ρώμην καὶ ἐν πάσ[ῃ τῇ πο]-
[λ]ειτείᾳ ἀρετῇ διενένκαντα [καὶ τει]-
[μ]ηθέντα ὑπὸ τοῦ κοινοῦ τῶν Λ[υκίων τε]-
12 [τ]ράκις καὶ δόντα χρήματα δω[ρεὰν τῷ]
[κ]οινῷ εἰς τὰς θυσίας καὶ τοὺς [ἀγῶνας]
[κ]αὶ τὰ ἄλα τὰ ἀναλισκόμενα διὰ [τὰς ἐπι]-
[δ]όσεις τὰς κατὰ πενταετηρίδα [γενομέ]-
16 [νας] ἀρετῆς ἕνε[κ]εν τῆς εἰς ἑατόν · [ἐὰν δὲ τῶν]
[ἀρχόν]των οἷς ἕκαστα προστέτακτα[ί τις ἀμε]-
[λήσῃ ἢ] παραβῇ τὰ [ἐ]πεσταλμένα ἢ εἰ[ς ἕτερόν]
[τι μετα]γαγῇ καθ' ὁνδήποτε οὖν [τρόπον ἢ μετα]-
20 [ψηφίσῃ ἢ] ὁ ἀγωνοθέτης μὴ π[οιήσῃ κτλ.].

L. 5-6, pour le sens discuté de la formule πολιτευόμενος ἐν ταῖς κατὰ Λυκίαν πόλεσι πάσαις, voir J. A. O. Larsen, *Symbolae Osloenses*, 33 (1957), 7-21 ; J. L. R., *Bull. Épigr.* 1958, 79 ; Larsen, *Cl. Phil.* 1964, 138 ; H. Klees, *Gnomon* 1964, 693.

L. 5-6, la restitution [ἀριστεί]ωι est due, dans *TAM*, à J. Zingerle, avec ces bonnes explications dans l'apparat : « Kirchhoff eumque secuti ceteri : στεφάν[ῳ γραπτ]ῷ, sed quia v. 6 incipit a ΩΙ lapidarius, divisisset γραπτ|ῶι, qualis divisio eius consuetudini omnino repugnat ». J'ajoute

1. *TAM*, II, 550, l. 16 (au début de l'empire) : 'Ορθαγόρας 'Αρταπάτου.
2. *TAM*, V, 927 (épitaphe de l'époque impériale) : 'Αρταπάτης γ', mari de 'Αμμία Τειμάνθ[ο]υ ; 931 : 'Αρταπάτης 'Ορείου, mari de Τύραννις Πιγρέους.
3. *IGR*, III, 704, l. 6 : Εὔδημος 'Αρτοπάτου.
4. Il est donc considéré comme honorant [κ]ατὰ τὰ [πάτρια] Στασίθεμι[ν] Σι[δυμέα ?].

que, dans la formule de proclamation, un στέφανος γραπτός n'a pas de place et que, de façon plus générale, cette formule ne semble pas exister. L'adjectif s'emploie pour une εἰκών, ' portrait peint ', pas pour une couronne. Sur στέφανος ἀριστεῖον, son emploi et sa chronologie, voir provisoirement *Noms Indigènes*, 434, note 1 ; l'inscription de Xanthos s'insère bien dans l'évolution de cet honneur.

L. 10, pour ἀρετῇ διενένκαντα et la chronologie de cette formule, voir notamment *Rev. Phil.* 1927, 104 ; *Rev. Ét. Anc.* 1960, 331, n. 1 ; *Hellenica*, XIII, 38 et l'index.

Il s'agit d'une fondation[1] et il est interdit de changer l'affectation des sommes (l. 19). L'argent a été versé à la Confédération Lycienne[2] (l. 12-13) pour les fêtes : sacrifices (θυσίας), concours (ἀγῶνας ; restitué) et toutes autres dépenses faites à chaque célébration pentétérique[3].

La proclamation de la couronne émane du peuple de Xanthos, selon la restitution des lignes 2-3 due à Kirchhoff et suivie par Kalinka. Mais Ormerod avait présenté une autre restitution avec cette observation judicieuse que je traduis : « Je lis στεφανοῖ [τὸ κοινὸν τῶν Λυκίων] au lieu du [ὁ δῆμος ὁ Ξανθίων] du premier éditeur, étant donné les restes d'une barre verticale suivant στεφανοῖ, qui peut bien être la partie inférieure d'un *tau*. Les détails mentionnés plus loin dans l'inscription semblent concerner la Confédération Lycienne plutôt que de se rapporter seulement aux affaires municipales à Xanthos ». De fait, il n'est question dans la suite de A que de la Confédération. Cela me semble peser bien davantage que l'objection faite par Kalinka : « sed εἰς ἑατόν (v. 16) cum subiecto generis neutri consociari vix potest, et I, quod post στεφανοῖ restat, nescio an vestigium litterae Ξ sit ». Il ne me semble pas impossible que le peuple de la Confédération Lycienne, Λυκίων τὸ κοινόν, ait été rappelé à la fin de cette longue proclamation par un masculin au lieu d'un neutre, par un accord avec le sens.

Aux lignes 1-2, la phrase qui introduit et ordonne la proclamation

1. Ce texte, déchiffré en 1914 par Ormerod, ne pouvait se trouver dans les *Stiftungen* de B. Laum, recueil paru en cette même année.

2. Je rappelle, pour la ligne 12, que le verbe διδόναι dans ces textes n'implique pas l'idée de ' don ', mais celle de ' versement ' ; la notion de ' cadeau, versement par générosité ' s'exprime par ἐπιδιδόναι. L'adjonction de l'adverbe δωρεάν n'a donc rien d'un pléonasme.

3. Le texte des lignes 13-16 a été établi, tel qu'il est reproduit ci-dessus d'après Kalinka, par Ormerod, lequel a lu l'*omicron* au début de la ligne 15. Kirchhoff avait écrit : διὰ [τὰς ἑστιά]σεις. L'emploi de διά après τὰ ἀναλισκόμενα peut surprendre et il semble que l'on attendrait plutôt εἰς : « les autres dépenses pour les distributions » et non « à cause des distributions » (' banquets ' dans la restitution précédente). D'autre part, la mention de la ' pentétéride ' est elle aussi un peu surprenante si elle ne caractérise que les ' distributions ' et non point l'ensemble de la fête. D'ailleurs la formule τὰ ἄλλα τὰ ἀναλισκόμενα, venant après les sacrifices et les concours, fait attendre un terme général, et non point une précision telle que ' distributions, banquets, etc. '. Aussi me paraît-il vraisemblable qu'il faut bien plutôt restituer ici : τὰ ἄλλα τὰ ἀναλισκόμενα διὰ [παντ]ὸς εἰς τὰς κατὰ πενταετηρίδα [ἑορτάς ou πανηγύρεις].

a été restituée par E. Kalinka[1]. Ce dernier a signalé dans l'apparat deux restitutions qu'il n'a pas acceptées. R. Heberdey « préfère lire [ἐν ᾗ γ]έγραπται ». Ad. Wilhelm propose : [γενομένης τ]ῆς ἀνα[γ-γελίας καθὼς]. Il est certain qu'il ne peut s'agir de l'inscription sur une stèle de la formule στεφανοῖ, mais, comme l'a dit Ad. Wilhelm, d'une formule spécifiant la proclamation. Ce savant est revenu là-dessus en ces termes[2] : « La restitution de E. Kalinka est évidemment fautive ; car jamais dans les décrets ne se trouvent en tête du contenu officiel de la proclamation des honneurs des phrases telles que celles qu'a restituées Kalinka, et celles-ci, considérées en elles-mêmes, n'ont pas de place dans un tel décret. Je ne doute donc pas que ne soit juste la restitution de la ligne 1 que j'avais déjà proposée il y a des années et que Kalinka n'a pas acceptée : [γινομένης τ]ῆς ἀνα[γγελίας καθὼς ὑπογ]έγραπται ; cf. Le Bas-Waddington, 136 selon ma lecture *Arch. epigr. Mitt.* XX p. 61 ». Il y a cependant une difficulté de lecture. Après le second *alpha* Yates avait lu ΠΟ. Le fac-similé d'Ormerod donne en pointillé une lettre qui peut être un *pi* avec haste droite très courte et sans les prolongements de la haste horizontale à droite et à gauche tels que les offre cette lettre dans cette inscription, et qui convient bien à un *gamma*. Ensuite il donne la partie inférieure d'une lettre ronde, ce qui s'accorde avec la lecture de Yates et qui ne convient pas à un *gamma*. Mais cela n'impose nullement une lecture 'Από[λλωνι], qui ne peut se justifier dans le contexte. Il suffit d'introduire dans la restitution d'Ad. Wilhelm un synonyme de ἀναγγελία, à savoir [γινομένης τ]ῆς ἀναγο[ρεύσεως], pour que la formule relative à la proclamation s'accorde exactement avec les restes de lettres. La restitution d'Ad. Wilhelm est confirmée pour le sens et la construction, ce qui est l'essentiel ; il a suffi d'introduire un mot synonyme.

Passons à l'inscription B. Un texte complet en est proposé par E. Kalinka[3], après les lectures fondamentales d'Ormerod et ses restitutions pour les lignes 7-18. Voici donc le dernier état du texte B[4].

1. Ormerod écrivait : — ησαναπο[— καθὼς ? ὑπογ]έγραπται. « The first line is uncertain, hardly enough letters remaining to warrant a restoration of the introductory formula ».

2. *Praktika Akad. Ath.* 1931, 331. Je traduis du grec.

3. Il n'y avait que des débuts de 11 lignes dans la copie de Yates, qui songeait à « un hymne à Apollon, probablement en hexamètres ». Kirchhoff ajoutait : « Von N° 3 wird kein Verständiger eine Herstellung verlangen ; dass die Inschrift metrisch abgefasst gewesen sei, dafür möchte ich wenigstens die Bürgschaft nicht übernehmen ».

4. J'ai ici ou là mis d'accord la transcription avec le fac-similé, quand celui-ci donnait des parties de lettres non équivoques.

['Ἀρταπάτης Στασιθ]έμιος [Ξάνθι]-
[ος οἰκῶν ἐν Πινάρ]οις, [πολειτευό]-
[μενος] δὲ [καὶ ἐν] τα[ῖς] κατὰ [Λυκί]-
4 [αν πό]λεσ[ι πάσαις ἐπαγγέλλομαι ?]
[τοῖ]ς ναοῖς ἐ[πά ?]ν[ω τῆς Τλω]ικ[ῆς τὸ ἀ ?]-
[ναγκ ?]α(ῖ)ον ἀν[αλίσκεσθ]αι - - -
[ὅτα ?]ν δέ τ[ι π]άθωι ἀνθρώπ[ι]-
8 [νον κ]αὶ μεταλλ[άξωι] τὸν βί[ον],
[ἃς πρὶ]ν τέθει[μ]αι διαθήκας καθ' ὀν[δή]-
[ποτε] οὖν τρόπον, ἀκυρῶι πάσαις ·
[δίδωμ]ι δὲ τοὺς ἀγροὺς το[ὺ]ς ὑπ[άρ]-
12 [χοντά]ς μοι πάντας ἔν τε τῆι Πιναρικ[ῆι]
[καὶ ἐν τ]ῆι Τλωικῆι Λητοῖ Ἀπόλλω[νι]
['Ἀρτέμ]ιδι ὥστε εἶναι αὐτοὺς ἱερο[ὺς]
[τῶν προ]γεγραμμένων θεῶν ἀ[να]-
16 [παλλο]τριώτους καὶ ἀνυποθέ[τους]
[καὶ ἀνεπι]δανείστους εἰς τὸν ἀεὶ [χρό]-
[νον · ἔτι δὲ Λ]υκί[ων τ]ῷ κοινῷ[ι εἰς τὰς]
19 [θυσίας καὶ τοὺς ἀ]γ[ῶνας κτλ.].

La Confédération Lycienne est nommée à la ligne 18[1]. Aux lignes 11-17, le bienfaiteur donne les champs qu'il possède à la triade apollinienne, dont ils deviendront la propriété sacrée[2]. La lycienne Létô avec ses deux enfants sont les divinités fédérales adorées dans le Létôon au sud-ouest de Xanthos[3]. Il s'agit d'une fondation, les revenus de ces champs étant affectés au culte. Aussi naturellement ces champs sont inaliénables, ἀ[νεξαλλο]-τριώτους[4], et, pour prévenir une telle aliénation, ils ne peuvent servir de gages, être chargés d'une hypothèque, [ἀνεπι]δανείστους[5], ἀνυποθέ[τους][6]. Ces champs ne sont pas situés sur le territoire de

1. Avant Λυκίων, la lacune n'est pas remplie par le simple ἔτι δὲ. Ormerod écrivait [δίδωμι].

2. Cf. par exemple la donation faite par testament à Cyrène par Barkaios : τὸν καταλελειμμένον ὑπὸ Βαρκαίω ... ἀγρὸν 'τὸ Ἐπιστράτω' Ἀπόλλωνι καὶ Ἀρτά-[μιτι θεοῖς δα]μοτελέσιν ἐς κτῆσιν, ἐς χρῆσιν δὲ τοῖς ἱαρεῦσ[ι, τοῦτον ? ἦ]μεν ἱαρόν (*SEG*, IX, 4, l. 35-37 ; *Rev. Phil.* 1939, 156-163).

3. Les témoignages sur ce sanctuaire dans *TAM*, II, pp. 181-184.

4. Tel est l'adjectif qui a été rétabli par M. N. Tod, *Am. J. Philol.* 1941, 197, car il est bien attesté. Ormerod, suivi par Kalinka, écrivait sans nécessité ἀ[ναπαλλο]-τριώτους, tout en remarquant que le mot n'était pas connu par ailleurs. Sur ἀπαλλοτριοῦν, ἐξαλλοτριοῦν et les substantifs correspondants et sur ἀνεξαλλοτρίωτος, voir *Hellenica*, XIII, 198-203 ; pour le texte de Xanthos, voir *ibid.*, 203, n. 5.

5. Pour ce terme, Ormerod pouvait citer Ménandre d'après une scholie de Lucien, un papyrus et l'inscription d'Aigialè d'Amorgos *IG*, XII 7, 515, l. 12. Mêmes références aujourd'hui dans Liddell-Scott-Jones. Le *Wörterbuch*, IV (Supplément, par E. Kiessling), s. v. (p. 153) pouvait citer, en 1944, 7 papyrus, allant du IIe siècle a. C. au IIe siècle p. C.

6. Ormerod : « ἀνυπόθετος = unconditioned ; see Liddell and Scott, s. v. ». La nouvelle édition ne donne pas non plus de texte avec un sens juridique tel qu'il est

Xanthos, mais sur ceux de Pinara et de Tlos, les voisines de Xanthos au nord-ouest et au nord[1].

Au début, Ormerod avait renoncé à des restitutions suivies. Il présentait ainsi les lignes 1-10 :

[- - - - - - Στασιθ]έμι[ος ? - - -]
- - - - - - - - - - οις τ - - - -
[- - - - δὲ καὶ ἐν] τα[ῖς] κατὰ Λ[υκί]-
4 [αν πό]λεσι [πάσαις - - - - - - -]
[τοῖ]ς ναοῖ[ς] ? ε - - - τι - - [ο]ικ
- - - - αοναν - - - - - - - - - [θ]αι
[- - - ἐ]ὰν δ[έ] τι πάθωι ἀνθρώ[πινον]
8 [ὥστε κα]ὶ μεταλλ[άξα]ι τὸν βί[ον πρ]-
[ότερό]ν τε θεῖ[ν]αι διαθήκας καθ' ὃν [δή]-
[ποτε ο]ὖν τρόπον ἀκυρῶι πάσα<ι>ς.

En plus de ses propres suppléments, E. Kalinka a utilisé des suggestions de R. Heberdey, Ad. Wilhelm et J. Zingerle. Chacun de ces savants a proposé quelque mot ici ou là ; mais quel ensemble en est résulté ? Il faut dire qu'il n'est pas cohérent et qu'il manque de soutiens et de justifications.

Dès le début, l. 2, [οἰκῶν ἐν Πινάρ]οις est un bouche-trou, qui n'est soutenu par rien et qui d'ailleurs n'apporte rien. — L. 4, la suggestion [ἐπαγγέλλομαι ?], due, comme la précédente, à J. Zingerle, introduit la formule d'une ' promesse ' officielle, ἐπαγγελία, ὑπόσχεσις, telle qu'on en fait par exemple pour une *summa honoraria*. L. 5, que peut signifier le supplément de Kalinka : « aux temples au-dessus du territoire de Tlos » ? La restitution τοῖς ἐν τῆι Τλωικῆι, proposée par Ad. Wilhelm et mentionnée dans l'apparat, ne fournit pas non plus un sens satisfaisant : « aux temples situés sur le territoire de Tlos ». Car la mention τοῖς ναοῖς, suggérée par Ormerod et adoptée avec décision par Kalinka, surprend ici. On voit aussi à quel point sont gratuits les suppléments [τὸ ἀναγκ ?]α(ῖ)ον, dû à Kalinka, et ἀν[αλίσκεσθαι], dû à Ad. Wilhelm. Une explication ou une traduction eût été indispensable pour savoir ce que l'on a voulu dire : plutôt que « je promets aux temples de la Tloïque le nécessaire pour être dépensé », a-t-on entendu :

clair en ce texte. On trouve le renvoi à un papyrus byzantin dans Preisigke, *Wörterbuch*. Je rapproche par exemple la fondation de Barkaios à Cyrène (ci-dessus, note 2), où il est dit du champ légué à Apollon et Artémis (l. 37-39) : μὴ ἔχεν δὲ ἐξουσίαν μηθένα πωλὲ[ν μηδὲ ὠνέ]σθαι μηδὲ καττιθὲν μηδὲ δωρέσθαι μηδὲ ἐς μί[σθωσιν δωρε]ᾶς χάριν διδῶν.

1. Cf. par exemple *Études Anatoliennes*, 382-383 : δωρησάμενον καὶ κατὰ διαθήκην ἀγρὸν ἐν τῇ Κορυδαλλικῇ (*TAM*, II, 578, à Tlos) ; ἐν τῇ Κιβυρατικῇ, ἐν τῇ Βαλβο(υρικῇ), ἐν τῇ Οἰνο(ανδικῇ) (à Oinoanda).

« je promets le nécessaire pour les temples de la Tloïque pour être dépensé » ? On ne pourrait alléguer aucun parallèle ni pour la langue ni pour les institutions.

Reprenons les lignes 7-10. Deux restitutions nécessaires ont été fournies par Ad. Wilhelm : καὶ μεταλλάξω τὸν βίον au lieu du ὥστε καὶ μεταλλάξαι d'Ormerod, — et ἃς πρὶν τέθειμαι διαθήκας ... ἀκυρῶ. Il s'agit de l'abolition des testaments antérieurs[1]. C'est là une formule de testament. Tel est bien le caractère juridique et diplomatique du document, et c'est de là qu'il faut partir pour l'interprétation des faibles restes, — ce qu'on n'a pas fait. Ainsi B est le document de base, le premier chronologiquement, le testament même d'Artapatès[2], — qui était suivi de A, décret de la Confédération (plutôt que de Xanthos), acceptant la donation, réglant les dispositions et honorant le bienfaiteur[3]. Dès lors, à la ligne 7, il ne faut pas [ὅτα ?]ν, mais [ἐὰ]ν, comme avait écrit Ormerod[4]. Dès lors aussi, il faut retrouver ou rétablir les formules d'un testament dans les lignes qui précèdent[5]. La restitution ἐπαγγέλλομαι, l. 4, qui n'avait aucun appui, est aberrante dans un tel document. Certes, il n'y a plus que d'assez tristes restes des lignes 5 et 6. Mais, avant la formule « mais, si je meurs », on doit nécessairement avoir la formule qui ne manque jamais auparavant, à savoir le vœu : « puissé-je moi-même, en bon état de santé, administrer mes biens », εἴη μέν μοι ὑγιαίνοντι τὰ ἐμαυτοῦ (τὰ ἴδια) διοικεῖν (τῶν ἐμαυτοῦ κύριον εἶναι) ; ensuite, ἐὰν δέ τι ἀνθρώπινον πάθω, καταλείπω κτλ. Je reproduis ici le fac-similé donné par Ormerod (p. 39). On peut facilement reconnaître les mots suivants :

1. Ormerod l'avait vu, mais il ne l'exprimait pas bien dans sa lecture. « If the restoration suggested in lines 7-10 be adopted, the testator provides for the cancelling at his death [non ; dès maintenant] of any will previously made. I cannot be sure of the reading in lines 7, 8 [πρότερό]ν τε θεῖ[ν]αι. The use of θεῖναι for θέσθαι is unusual, and the construction somewhat harsh. The general sens, however, is clear ».

2. La générosité du bienfaiteur n'était pas annoncée sous forme de lettre, comme par exemple celle de Dioteimos à Ariassos, *Études Anatoliennes*, 378-382 ; sur les lettres de cette catégorie, cf. *ibid.*, 381-382.

3. Tel était le rapport vu par R. Heberdey et signalé dans l'apparat par Kalinka : « Heberdey vero titulos *a* et *b* ita coniungendos censet ut *b* antecedat, ubi postquam Artapates sua protulerit [trop vague ; convient à ἐπαγγέλλομαι], in *a* ipse populi scitum subiciat, quo honores publici ei sunt decreti ».

4. On ne peut se débarrasser de cette formule obligatoire en écrivant, avec Kalinka, « quo spatium non expletur ». Je crois d'ailleurs que l'on doit réduire un peu l'étendue de la lacune au début des lignes de ce morceau, en reportant chaque fois une ou deux lettres de la restitution à la fin de la ligne précédente.

5. Cf. les formules et la bibliographie citées dans *Sanctuaire de Sinuri*, I (1945), pp. 64-65, pour restituer un fragment de testament trouvé là ; voir notamment Fr. Kraus, *Die Formeln des gr. Testaments* (Diss. Giessen 1915) et H. Kreller, *Erbrechtliche Untersuchungen auf Grund der graeco-aegyptischen Papyrusurkunden* (1919). Le fragment de testament de Doura est republié par C. B. Welles dans *Excav. Dura-Europos, Final Report*, V, 1 (1959), *The parchments and papyri*, n. 16 B.

[εἴη]
[μ]έν μ̣οι ὑ̣γ[ιαί]ν[ον]τι [δι]οικ[εῖν]
[τ]ὰ [ἐ]μ̣αυ̣[τοῦ -]

Ligne 4, j'écris après κατὰ [Λυκίαν] (l. 3) :

[πό]λεσι [πάσαις, τάδε διέθετο[1] · εἴη]

Si la pierre ne s'est pas dégradée pendant les cinquante dernières années, peut-être une lecture au charbon permettrait-elle de vérifier quelques lettres ou parties de lettres. En tout cas, l'inscription B est dès lors cohérente et nous fournit un nouvel exemple de testament gravé sur pierre[2].

1. Il n'y a pas de place pour l'adjonction νοῶν καὶ φρονῶν.
2. Sur les testaments gravés sur pierre, cf. *Sanctuaire de Sinuri*, pp. 64-65. Ce doit être exactement un testament que le texte de fondation de Gytheion *IG*, V 1, 1208, avec la mention de μάρτυρες à la fin ; le début a disparu ; corrections importantes à divers passages dans Ad. Wilhelm, *Gr. Inschriften rechtlichen Inhalts* (1951), 90-100 (*Bull. Épigr.* 1953, 78).

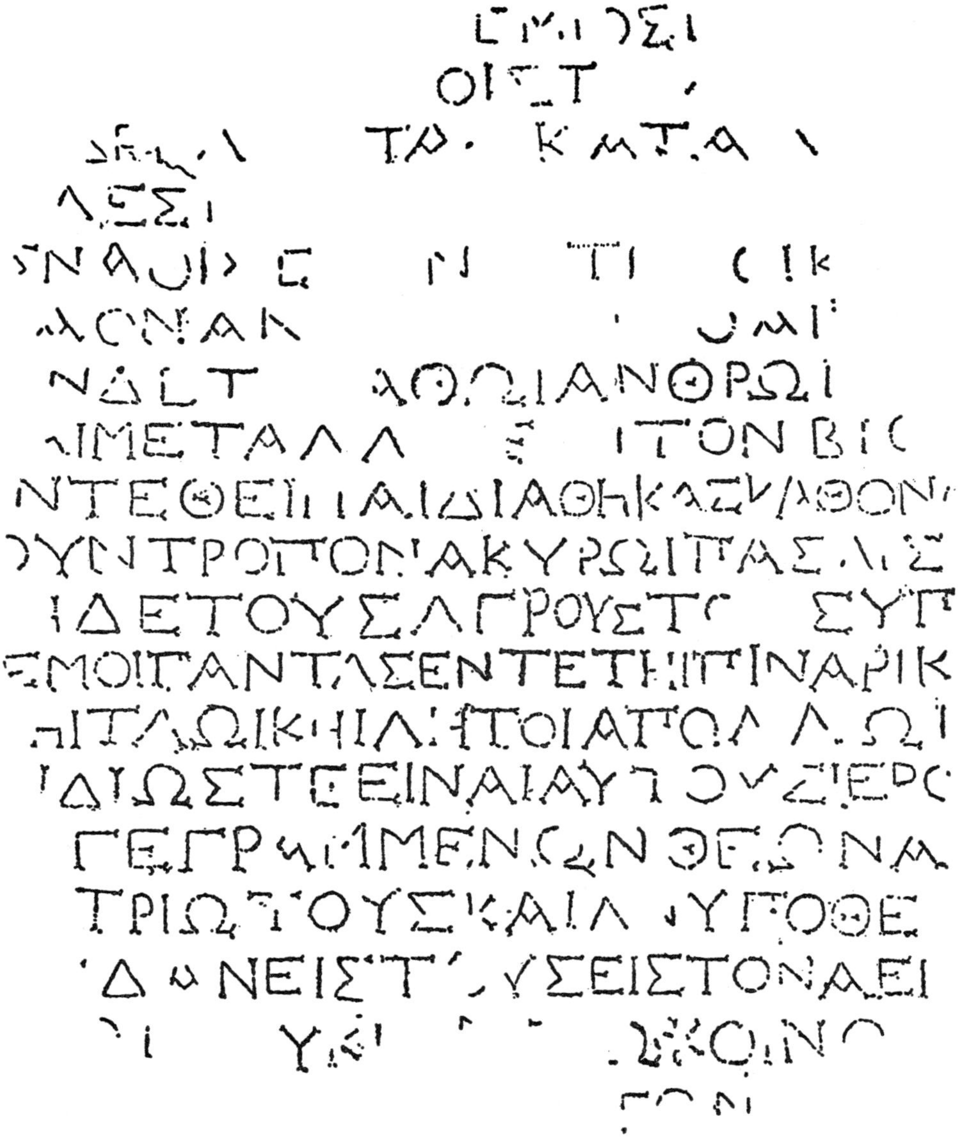

Inscription de Xanthos.

III. UNE PIERRE A PHASÉLIS ET UNE INSCRIPTION DE CILICIE

Dans le 3e fascicule du tome II des *TAM*, paru en 1944, E. Kalinka a reproduit, parmi les inscriptions de Phasélis, une pierre qui avait été publiée par V. Bérard et Th. Colardeau en 1892. Il l'a classée, n. 1221, parmi les ' fragmenta incerta ', avec des débris de quelques lettres, n. 1219 et 1220. Il ne l'avait pas retrouvée et il l'a donnée d'après les premiers éditeurs avec ces explications : « Sur une grande pierre au bord du fleuve ».

ΠΟΡ
ΒΑΤ

« Bérard (cum Colardeau) 1890 descripsit et edidit *BCH* 1892, 446, n. 96. »

Ce qu'est ' le fleuve ', on ne le voit pas dans l'introduction topographique et historique de Kalinka sur le site et l'histoire de Phasélis, pp. 413-416. Les voyageurs qui ont décrit le site, avec la presqu'île et les ports, au pied du Tahtalı Dağ[1], depuis l'amiral Beaufort[2] et Cockerell[3] jusqu'à P. Paribeni et P. Romanelli[4], ne parlent pas de fleuve. La carte de Kiepert montre deux

1. Photographie de cette montagne dans *Reisen*, II, Pl. XIX en haut. Description de la montagne vue de la côte dans Beaufort (voir note suivante), 53-54. Deux vues de la chaîne prises de la mer dans Freya Stark, *The Lycian shore* (1956), *ad* p. 164. Dans C. Anti, *Monum. Antichi*, 29 (1923), Pl. IV, « le mont Solyma depuis Turgut », c'est-à-dire vu depuis son pied Sud.

2. *Karamania or a brief description of the South Coast of Asia-Minor and of the remains of antiquity with plans, views, etc. collected during a survey of that coast under the orders of the Lords Commissioners of the Admirality, in the years 1811 et 1812, by Francis Beaufort, F. R. S., captain of His Majesty's ship Frederikssteen* (Londres, 1817), p. 52 : croquis du plan ; description du site, pp. 56-55.

3. *Travels in Southern Europe and the Levant, 1810-1817* (Londres, 1903), 170-171. C'est là que Cockerell rencontra Beaufort et se joignit à lui ; cf. *ibid.*, 171-172.

4. *Monum. Antichi*, 23 (1914), 183-185. Les savants italiens étaient venus par mer d'Antalya. Fellows aussi était venu par mer, comme Beaufort ; cf. *Excursions in Asia Minor* (1839), 211-212. De même Freya Stark, qui a fait deux visites, *loc. cit.*, 172-176 ; *ad* p. 172, photographies d'un mausolée. C. Anti, *Monum. Antichi*, 29 (1923), 755-756, est venu d'Antalya par mer et il est retourné à Antalya le long de la côte (p. 664). Une photographie de restes antiques dans *Reisen*, II, Pl. XX, au bas ; pas de description.

cours d'eau qui débouchent non sur le site même de Phasélis, mais vers l'extrémité sud de la plaine de Tekirova ; le village est à 3 km. environ au sud-ouest de Phasélis ; la plaine fertile est la plus large qui se trouve sur cette côte rocheuse et sans routes qui forme le côté Est du quadrilatère lycien[1]. Le fleuve ' Ulubunar ' arrive du sud-ouest à travers la montagne et débouche dans la plaine au village de Tekirova ; un autre cours d'eau traverse la plaine en venant du Nord[2]. Sur la carte turque au 1:500.000, comme sur celle au 1:800.000[3], il n'y a que l'important cours d'eau venu du Sud-Ouest, qui est appelé sur la seconde Barsak Çay et sur la première Bağırsak Çay, deux formes du même mot qui signifie ' intestin '[4]. C'est lui ' le fleuve '. Sa vallée ou son défilé avait été suivi en 1842 par Spratt et Forbes, venant d'Olympos et de la Chimère[5]. Seul le récit de ces voyageurs permet de savoir

1. On le voit par les cartes. Les voyageurs, étant venus par mer, ne parlent pas de la plaine ; ils ont débarqué aussitôt dans les ruines, avec les trois ports devenus marécages et le promontoire de l'acropole ; ils ne sont pas allés au village de Tekirova ou ils n'en ont pas parlé. Cf. F. Stark, *loc. cit.*, 176 : « when whe visited Phaselis again another year, we discovered that the hamlet of Tekrova is just in sight behind it ». C. Anti est allé au village, *loc. cit.*, 756 : une épitaphe « nella casa di Ali Aga, muctar di Tekir Ova, sita sulla destra del Givecli Ciai », mais il ne parle pas de la plaine. Il explique, pour le site de Phasélis, comment la densité du maquis épineux qui couvre les ruines interdit toute découverte ; cf. F. Stark, 174, ' overgrown with thorns ', « pine-trees hang over the middle harbour » ; 176, à la seconde visite, « the wood-cutters had been amongst the ruins, and the enchantment was broken. But we had seen it haunted ». On ne trouve d'indications sur la plaine que dans Spratt et Forbes, *Travels in the Lycia* (1847), I, 196, qui sont venus d'Olympos par terre et avec un grand détour dans l'intérieur. « Après un voyage de près de 8 heures depuis Deliktaş, par cette route détournée, mais belle, — près de trois fois la distance directe entre les deux localités — nous arrivâmes à Tekerova, un village habité par environ 30 familles, dont quelques-unes vivent dans des tentes et les autres dans des maisons en pierre. C'est le plus grand dans la partie Est de la Lycie et il est situé sur une plaine alluviale bien cultivée, qui s'étend du pied du mont Taktalu à la mer. Les maisons sont entourées de mûriers ».

2. De même sur le croquis de C. Anti, *loc. cit.*, 652-653 ; ce cours d'eau, sans nom, y provient certainement de la carte de Kiepert. Les indications sur le sud du Tahtalı Dağ sont au contraire originales.

3. Sur les cartes turques de l'Anatolie, voir *La Carie*, II, pp. 447-450 ; pour les cartes de la végétation, voir *Hellenica*, XI-XII, 286 ; pour un récent Atlas, cf. *Hellenica*, XIII, 288.

4. Deux villages Bağırsak, dans la région d'Erzerum et celle de Konya, d'après le dictionnaire administratif des villages, *Türkiye'de meskûn yerler kılavuzu* (Ankara, 1946). Nous avons ainsi la vraie forme ; C. Anti, sur son croquis, portait, au pied du Tahtalı Dağ, 'Baarsök Çay', et 'Baarsök' pour une localité où il a trouvé deux sarcophages avec inscription, p. 757 (photographie p. 762, fig. 32 ; les inscriptions, améliorées, dans *SEG*, VI, 743-744 ('Baarseuk') et *TAM*, II, 1213-1214 ; Kalinka a marqué son doute sur cette forme en mettant un point d'interrogation après 'Baarsök').

5. Je traduis ci-après leur récit, note 2. La carte turque au 1.500.000 montre naturellement qu'il n'y a pas un cours d'eau allant d'Olympos à Phasélis par la montagne. Un village Ulupınar est sur la ligne de partage des eaux ; vers le sud s'écoule l'Ulupinar Çay, anonyme sur cette carte ; vers le nord-est, le Barçak Çay. C. Anti, sur sa carte, appelle Givekli Çay le fleuve qui passe à Tekir Ova et qui vient

ce qu'est cette vallée avec ce fleuve[1], comme la plaine de Tekir Ova, et cela est indispensable pour expliquer l'inscription qui nous occupe[2]. La partie orientale tout au moins du Tahtalı Dağ a nécessairement fait partie du territoire de Phasélis[3], qui semble s'être étendu d'autre part très loin vers le nord, au delà du Kara Dağ[4]. Il pouvait fournir à la cité quelques ressources

du col (Ulupınar) au S.-O. Il donne le nom de Baarsök Ciai à un affluent de gauche du Givekli Çay, où il se jette en venant du nord-ouest. Pl. IV b, dans Anti, photographie vaporeuse de « la vallée du Ulubunar Ciay » vue de Turgut, c'est-à-dire de son point de départ.

1. La carte de Kiepert marque le nom d'Heberdey sur le même itinéraire que Spratt et Forbes ; mais il n'a rien été signalé sur ce voyage, et la carte fait un seul cours d'eau de celui qui aboutit à Olympos et de celui qui aboutit près de Tekir Ova. C. Anti ne donne que des indications horaires sur le voyage de Phasélis à Barsak et au delà, en dehors des descriptions de restes antiques.

2. Ils écrivaient, *loc. cit.*, 194-196 : « Au lieu de nous mener le long du rivage comme nous l'avions attendu [évidemment il n'y a pas là de sentier], le guide tourna dans une étroite vallée à quelques centaines de yards après la douane. Le Oolooboonar Tchy, un fleuve considérable, coulait à travers cette vallée, et il y a un village turcoman de ce nom dans sa partie supérieure. Comme nous avancions, elle se rétrécissait jusqu'à être une gorge, et le paysage rappelait celui de Dembra [la gorge au-dessus de Myra]. Tout à coup elle s'étendait de nouveau en une large vallée, entourée par de hautes montagnes, à l'entrée desquelles s'élevait un haut rocher pointu, couronné par une forteresse d'architecture médiévale, commandant la passe. Au pied du rocher était un moulin à eau. A une heure de chemin plus loin nous passâmes une belle cascade, écumant dans un ravin sur le côté Ouest de la vallée et ombragée par des platanes et des fourrés d'arbustes. Un petit pont, apparemment d'une architecture ancienne, traversait le fleuve, passant au-dessus d'un gouffre profond et sombre, dans lequel nous pouvions entendre le grondement d'un volume d'eau considérable. Ce paraît être le bras principal de la rivière Oolooboonar. Ici et là cette belle région était en partie cultivée ; mais les côtés des collines couvertes de terrasses artificielles portaient témoignage des jours passés, quand elle était bien peuplée et que sa fertilité était bien avantageuse. En entrant dans une forêt de pins, nous approchâmes du pied du mont Taktalu et après avoir franchi un passage rocheux nous arrivâmes à un autre torrent de quelque grandeur coulant des régions supérieurs de Solyma. Son cours était presque droit vers l'Est et, en le longeant, nous marchâmes vers la mer. Le paysage ici avait le plus grand caractère. Chaîne sur chaîne de rocs à pic couverts de pins s'élevaient de chaque côté, et les précipices nus et les pics neigeux du Mont Solyma couronnaient le tout. Au cœur de la forêt nous tombâmes sur un grand camp de bûcherons Yürüks. Nous passâmes à côté de beaucoup de bois abattu et prêt pour flotter le long du fleuve ».

3. A Barsak, C. Anti a cru trouver sur l'inscription identique des deux sarcophages un ethnique qui garderait le vieux nom des Σόλυμοι, sous la forme Σολυμηνοί *(loc. cit.,* 757-759). Cet ethnique a été justement corrigé en Ὀλυμπηνοί par J. Zingerle dans *SEG,* VI, 743, et par J. Keil dans *TAM,* II, 1213-1214. D'après celà, le territoire d'Olympus a dû s'étendre un peu au delà de la crête bordant l'Ulupınar Çay ou bien une famille a eu là des domaines.

4. Tel est du moins le nom de montagne que donne C. Anti, après Kiepert, à l'ouest de la côte à hauteur de Beldibi. La carte turque l'appelle Sarıçınar Dağ (Mont du Platane Jaune). Vers le point de départ d'une vallée parallèle à celle du Çandır Çay qui descend vers la Pamphylie, à Zindan Yakası, un groupe de ruines (C. Anti, *loc.cit.*, 722-738) contient un sarcophage, dont l'inscription prévoit l'amende à payer τῇ Φασηλιτῶν πόλ[ει] (*ibid.*, 735 ; *SEG*, VI, 735). On est à 30 ou 35 km. à vol d'oiseau de Phasélis. A moins que cela plus au nord-est, à vol d'oiseau, on est à Onobara, qui dépend de Trebenna (cf. C. Anti, 728 et 743-752). Le Corpus *TAM* aurait dû étendre jusque-là le chapitre des inscriptions de Phasélis ; il y a là encore une méconnaissance de la géographie historique (cf. ci-dessus 16 et 18).

agricoles[1]. Surtout les forêts donnaient le bois à la marine de Phasélis, cette ville maritime et commerçante[2], dont le monnayage avait pour emblème une proue ou une poupe de navire. Le fleuve transportait facilement les bois coupés depuis la montagne jusqu'à la plaine. La description de Spratt et Forbes l'a montré[3]. On a vu aussi l'importance du fleuve à son arrivée dans la plaine.

Nous disposons de deux éléments pour comprendre l'inscription restée énigmatique aux deux éditeurs successifs. Elle était « au bord

1. Les remarques de Spratt et Forbes dans la liste ci-dessus sont à relever. Cf. aussi C. Anti, 759 : « la mulattiera dopo Baarsök passa dovunque fra avanzi di antiche macerie costruite a sostegno del terreno ; la zona un tempo dovette dunque essere intensamente coltivata, mentre ora è nel piu completo abbandono. A tre quarti d'oro di marcia da Baarsök si raggiunge un pianaro abbastanza vasto e tutto coltivato ».

2. Sur Phasélis, voir l'article de W. Ruge *s. v.* dans *P. W.* (1938) et l'introduction de E. Kalinka, pp. 412-415, avec les textes cités intégralement. Il faut ajouter une inscription de Lindos publiée depuis lors, *I. Lindos*, n. 189 : un Ἀκταίων, στρατηγή[σας —] καὶ ἄρξας [ἀφράκτων], a reçu l'éloge et la couronne d'or [ὑπὸ τοῦ δάμου] τοῦ Φασηλ[ιτᾶν] ; Chr. Blinkenberg date le texte vers 170, mais il reporterait l'occasion des honneurs à 190, quand les Rhodiens réunirent leur flotte à Phasélis avant de décider de livrer bataille à Hannibal vers Sidè. E. Kalinka, p. 412 A, a allégué une inscription du Pirée pour un navarque athénien, *IG*, II², 3218 (cf. aussi O. Benndorf, *Festschrift Otto Hirschfeld* (1903), 86, n. 3 ; *Rev. Phil.* 1944, 13 ; *Hellenica*, I, 122), que l'on a rapportée avec raison à l'une des guerres contre les pirates (entre 103 et 67). Il en tire une preuve qu'à cette époque Phasélis ne faisait pas partie de la Confédération Lycienne ; en effet, parmi les 9 couronnes dont fut honoré le navarque, l'une fut donnée par ὁ δῆμος ὁ Φασηλιτῶν, une autre par τὸ κοινὸν τῶν Λυκίων ; mais cet argument n'a pas de force, car le navarque fut honoré aussi, non seulement par les villes de Sidè et de Kélenderis, mais par ὁ δῆμος ὁ Μυρέων ; une ville de Lycie pouvait donc ajouter ses remerciements à ceux de la Confédération dont elle faisait partie, telle Myra. O. Benndorf, *loc. cit.*, l'avait souligné expressément : « Die Coordination von Phaselis und Myra neben dem lykischen Bund zeigt nicht, dass diese Städte unabhängig, sondern nur, dass sie an der Gefahr besonders beteiligt waren » ; cela eût dû éviter à Kalinka son erreur. — Il y aurait à étudier la circulation des monnaies de Phasélis. L'étude précise du monnayage apporterait sans doute beaucoup à l'histoire de la ville ; pour les tétradrachmes du IIIe siècle, voir H. Seyrig, *Revue Numismatique* 1966, les pages 38 à 62, à propos de ceux de Pergè et d'Aspendos ; cf. mes *Monnaies en Troade* (*École des Hautes-Études, IVe section, Hist. et phil.*, 1966), 45-46, sur le caractère maritime de l'activité de Phasélis, le manque de relations terrestres (la note ci-dessus, 42, 2, traduite de Spratt et Forbes, le fait sentir profondément) et ses liens avec les côtes de la Pamphylie ; ses ' voisines ' ne sont pas les villes de la Lycie, mais les ports de la Pamphylie et de la Cilicie. — Nouveaux magistrats monétaires de Phasélis dans *The Burton Y. Berry Collection* (1961), 1201-1204.

3. Les dernières lignes sont des plus intéressantes elles aussi. Le bois était fourni par le Tahtalı Dağ, le ' Mont du bois de charpente '. Il a dû être une ressource très importante, non seulement pour les constructions navales de Phasélis, mais pour l'exportation, et l'on peut parier que du bois était expédié en Égypte ; à travers tout le Moyen Age et l'époque moderne, les documents abondent sur le bois envoyé en Égypte par les côtes méridionales de l'Asie Mineure. Pour la région même, cf. à Olympos la mention de E. Petersen, *Reisen*, II, 139 (je traduis) : « le petit village côtier de Tschiraly, consistant seulement en quelques huttes, dont l'une, avec le croissant blanc sur pavillon rouge, se présente comme douane [mentionnée par Spratt et Forbes, ci-dessus, qui partaient de là] et ' Sanità ', puis un petit han auquel est lié un bazar, et une villa imposante, le konak de Mustapha Effendi, qui, né d'une famille adaliote de vieille réputation, s'occupe maintenant en liaison avec des commerçants grecs d'expédier en Égypte le bois du Tachtaly ».

du fleuve ». C'était « une grande pierre ». Ces derniers mots doivent évoquer aussitôt les bornes de toute sorte, ces bornes où les abréviations sont de règle, depuis OP(ος) jusqu'aux noms de lieux des deux côtés ; car, en place, elles étaient comprises aussitôt. L'éditeur de la pierre de Phasélis n'a point noté qu'elle fût brisée. Les trois lettres de chaque ligne doivent constituer une abréviation.

ΠΟΡ est l'abréviation de πόρος, et BAT de βατός. La pierre au bord du fleuve signifiait : ' gué, passable '. Dans la plaine de Phasélis, elle indiquait où on pouvait traverser le fleuve à gué. Un des sens courants de πόρος, ' passage ', c'est le ' gué ', depuis Homère, où les scholies interprètent ποσὶ διαβατόν, τὸ διαβατὸν μέρος, à travers les Tragiques ou Thucydide[1], jusqu'aux documents byzantins énumérant les propriétés des couvents ou autres et au grec moderne. Strabon dit du fleuve de Troade Ἑπτάπορος, ὃν καὶ Πολύπορος λέγουσιν, ἑπτάκις διαβαινόμενος ἐπὶ τῶν περὶ τὴν Καλὴν Πεύκην χωρίων ἐπὶ Κελαινὰς κώμην ἰοῦσι[2] ; cela correspond à ' Kırkgeçit ' dans la toponymie turque, nom de cours d'eau qui signifie ' les Quarante Gués '. Le second mot indiquait bien : ' passable ', βατός et non ἄβατος.

Dans la région côtière de la Cilicie Trachée, à l'Est d'Alanya (Korakésion) et au nord de Syedra, un site urbain découvert par G. E. Bean et T. B. Mitford à Çebelireş Dağ, a été identifié par eux à la ville de Laertès[3]. Ils y ont trouvé 18 inscriptions, dont l'une donne ces détails (pp. 199-200, n. 16) : Ἡ βουλὴ καὶ ὁ δῆμος Τουην Νινειτος, ἄνδρα ἐκ πατέρων προβουλικὸν καὶ φιλότειμον ἐν ταῖς ἐνχειρισθείσαις αὐτῷ ἀρχαῖς, ἀρχιερέα γενόμενον, βουλευταῖς καὶ πολείταις διαδόματα δόντα καὶ ἑστιάσαντα δίς, ἄρχοντα γενόμενον καὶ γυμνασίαρχον καὶ τὴν Μέλανος ποταμοῦ διάβασιν ἀπολύσαντα, τειμηθέντα δὲ καὶ ὑπὸ τῆς Σειδητῶν πόλεως. Touès[4], fils de Nineis, appartenait par son ascendance à la catégorie des ' probouloi '[5] ; il avait manifesté son zèle et sa générosité dans les magistratures qui lui avaient été confiées ; il avait été grand-prêtre du culte impérial ; il avait fait des distributions non seulement aux membres du Conseil, mais à tous les citoyens, et il les avait traités deux fois en un banquet ; il avait été archonte et gymnasiarque. Quant à ses derniers mérites, voilà ce qu'ont expliqué les éditeurs.

1. Il suffit de voir le Thesaurus, *s. v.*
2. XIII 602. Cf. W. Leaf, *Strabo on the Troad* (1923), 206.
3. *Anatolian Studies*, 12 (1962), *Sites old and new in Rough Cilicia*, 194-206. Voir ci-après au début du chapitre V.
4. Pour ce nom, voir ci-après chapitre V, 87.
5. Pour cette fonction, voir ci-après, chapitre V, 87, note 2.

« Lines 14-19. The honorand paid for (ἀπολύσαντα)[1] the crossing of the River-Melas — without doubt a bridge. The Melas is the considerable river, now the Manavagat Çayı, which enters the sea not far to the east of Side[2]. It was presumably for this service that Toues was honoured by the Sidetans[3]. The influence of this city was strong along the Cilician coast, as is shown by the frequency with which its coins are found[4]. A man of Iotape was granted citizenship of Side[5]».

Certes, cette dernière inscription atteste une relation entre Iotapè et Sidè. Il est cependant regrettable que les auteurs aient supprimé dans leur citation précisément la partie qui permet de préciser ce rapport ; ce Nineis était un νεανίας φιλόλογος et c'est comme étudiant qu'il avait dû résider à Sidè[6].

Les savants hellénistes qui ont publié ce texte n'ont pas douté que Touès n'ait fait construire à ses frais un pont sur le fleuve Mélas. Mais la langue grecque interdit une pareille interprétation, et à un double titre. Le substantif διάβασις signifie ' le passage ' d'un fleuve, mais non point un pont, l'édifice qu'est un pont[7]. Quant au verbe ἀπολύειν, il ne peut signifier ici ' payer à ses frais '. Le coup d'œil donné à LSJ fut rapide et n'entraîna ni réflexion ni vérification. Si, parmi les sens de ce verbe qui signifie ' détacher, libérer, délivrer ', on y traduit ' pay ', c'est avec ces exemples : « *pay*, ἀπολύειν τὸν χαλκόν *P. Teb.* 490 (I B. C.) ; *pay off* a mortgage, *P. Oxy.* 509, 15 », et d'abord : « *discharge* or *pay* a debt, Pl. *Cra.* 717 b ». Dans les textes, le Thesaurus donnait pour *pendo* le texte du Cratyle, ἐὰν τὸ ἀνάλωμα ἀπολύῃ, et un autre de Diodore, 17, 74 :

1. Justification dans la note 29 : « For ἀπολύω, and more commonly διαλύω, to ' pay ', cf. L.S.J. s. v. ».

2. Note 30. « Pliny, *NH*, V, 93, and *Stadiasmus* 213 call this river the ancient boundary of Cilicia and Pamphylia. But cf. above n. 22. Our inscription would appear to be of the first century of our era ; but we can find no cause to connect Toues ' benefaction with the repair of the Pamphylian road known for the years A. D. 50 and 78 ».

3. Note 31. « But the statue in question has no come to light in the recent Turkish excavations at Side ».

4. Les auteurs ne nous ont malheureusement dit rien de moins vague. Cf. ci-après 70, note 5.

5. Note 32. « *CIG* 4412, ὁ δῆμος ἐτείμησεν Νινειν Κόνωνος - - ἔτι καὶ πολείτην Σιδητῶν ».

6. *Hellenica*, XIII, 49. — Pour les rapports de Syedra et de Sidè, je note que deux monnaies de Syedra ont été acquises à Sidè par E. S. G. Robinson, *JHS* 1914, 40, n. 175 et 176 (cf. p. 45 pour le n° 176).

7. Le dictionnaire de Liddell-Scott-Jones, suprême espoir et suprême pensée, indique pour ce mot, après ' passage ' : « *means* or *place of crossing*, Hdt. 1, 205 ; διαβάσεις ποταμῶν, *fords*, Th. 7, 74 ; cf. X. *Anab.* 1, 5, 12, etc. ; *bridge*, ib. 2, 3, 10 ; *passage along a ship's deck, gangway*, Hp. *Ep.* 14. Plu. *Cim.* 12 ; *ferry-boat*, LXX 2 *Ki.* 19. 18 ». Le texte de Xénophon se place après la bataille de Cunaxa et avant la retraite, et il ne contient pas le substantif διάβασις, mais celui qu'on attend, γέφυρα : καὶ ἐνετύγχανον τάφροις καὶ αὐλῶσιν ὕδατος πλήρεσιν ὡς μὴ δύνασθαι διαβαίνειν ἄνευ γεφυρῶν · ἀλλ' ἐποιοῦντο ἐκ τῶν φοινίκων οὓς ηὕρισκον ἐκπεπτωκότας, τοὺς δὲ καὶ ἐξέκοπτον.

τοὺς ὀφειλομένους μισθοὺς ἀπέλυσε. On y voit assez déjà que ἀπολύειν ne prend le sens de ' payer ' que pour dire ' s'acquitter ' d'une chose due, avec ' salaire, argent '. Il en est naturellement de même dans les inscriptions. Ainsi le verbe, à l'actif ou au passif, revient à plusieurs reprises dans l'édit de Tiberius Julius Alexander[1] : les sommes dues non encore versées ne seront pas payées par les débiteurs qui en sont dispensés[2]. Dans les papyrus, il est facile de voir que ἀπολύειν c'est dispenser d'une obligation, d'une liturgie, d'une dette, d'un impôt ; on ne peut traduire par ' payer ' que dans un contexte de ce genre, pour ' s'acquitter d'une obligation ', et le complément est τὸ ἀργύριον, τὸν χαλκόν[3]. Le verbe ἀπολύειν ne peut s'employer pour ' payer ' quand il s'agit d'un cadeau, d'une générosité, d'un acte spontané et qui ne découle pas d'une obligation. Il est impossible de songer à comprendre dans l'inscription de Cilicie : « ayant payé à ses frais la construction d'un pont sur le fleuve Mélas ».

La διάβασις est le passage du fleuve par un pont ou, tout aussi bien, par un gué ou par un bac.

Le Mélas ou Fleuve Noir, dans sa traversée de la plaine pamphylienne pour aller se jeter dans la mer[4], — seule partie où il intéresse soit Sidè soit les villes de la Cilicie et où on ait à le traverser[5], —

1. *OGI*, 669. Récente édition commentée de G. Chalon, *L'édit de Tiberius Julius Alexander, Étude exégétique et critique* (Olten et Lausanne, 1964).

2. Ainsi l. 27, 28 ; 28 aussi et suiv. : ἐπεὶ οὖν καὶ Βάλϐιλλος καὶ Οὐηστεῖνος ταῦτα ἀπέλυσαν, ἀμφοτέρων τῶν ἐπάρχων ἐπικρίματα φυλάσσω, ..ὥστε ἀπολελύσθαι τὰ μηδέπω ἐξ αὐτῶν εἰσπραχθέντα κτλ. ; 31 : καὶ αὐτὸς ἵστημι, ἀπολελυκὼς τὰ μηδέπω εἰσπραχθέντα.

3. Il suffit de se reporter à l'article très étoffé de Preisigke, *Wörterbuch*. Il cite pour ' zahlen ' : « Teb. 490 (I v.) : ἀπολύσομεν τὸν χαλκόν ; Teb. 121, 118 ; 120 (I v) [il s'agit de comptes ; διάφορον ἀπολυομέ(νων) φν'] ; Soc. 209, 3 (IV) : δὸς αὐτῷ τὸ ἀπολυθέν μοι διὰ σοῦ ἀργύριον ; B, 940, 28 (IV) : μεμίσθωμαι καὶ ἀπολύσω, ὡς πρόκειται (Mietsvertrag) ». Il en va exactement de même pour διαλύειν ; cf. *ibid.*, s. v. ; pour ' bezahlen ' : « Soc. 400, 9 ; 13 (III v.) : ἀπολῦσαι τὰ ἐκφόρια ; Soc. 601, 3 (III v.). Prei. 4, 9 (IV) : ἀπολύσασθαι τὰς εὐσεϐεῖς εἰσφοράς, die kaiserlichen Steuern ». Très étoffé aussi et très significatif l'article du tome IV (Supplément, par E. Kiessling, 1944).

4. Sur son embouchure, les terres qu'il entraîne et l'ensablement des côtes voisines, voir *Hellenica*, V, 72-73, avec les passages du capitaine Beaufort et des Instructions Nautiques.

5. Cf. G. Hirschfeld, *Monatsber. Berlin* 1875, 126 : « ... der dritte der drei grossen Flüsse, welche vom Taurus zur pamphylischen Ebene herabströmen. In dieser selber hat der Melas von allen dreien den kürzesten Lauf, da, wie schon mehrmals bemerkt, hier das Gebirge der Küste wieder ganz nahe tritt ; vom heutigen Orte Bazardschyk, bis wohin Barken den Fluss befahren, ist nur etwa eine halbe Stunde bis zur alten Mündung ; schon hier beginnen die Hügel, deren einer dicht über dem Strome ein schönes und malerisches, aber verfallendes seldschukisches Castell trägt » ; 128 et 130 (sortie du fleuve hors de la région montagneuse sur les collines et la plaine). Cf. K. Partsch, dans *Vorl. Bericht über eine arch. Exp. nach Kleinasien* (Prague, 1903), 37 : « Das Dorf Kara-Odscha liegt unmittelbar am linken Ufer des Melas, der hier, seines Gebirgscharakters entkleidet, zwischen Bruchufern breit dahinfliesst. Von Manavgat-Bazardschik an wird er mit Barken befahren » [ce dernier renseignement

le Manavgat Çay[1], est un très large fleuve, que des bateaux remontent jusqu'à plusieurs kilomètres et qui coule entre des rives escarpées. Il n'y a un pont sur le fleuve, pont suspendu, que depuis les travaux modernes de la République turque[2]. Il n'y a point de reste de pont romain, ni médiéval, et les voyageurs ont toujours franchi le fleuve en bac.

La description qu'en donna P. de Tchihatcheff en 1853 d'après son voyage de 1848 vaut la peine d'être connue[3]. « A en juger

est emprunté aux prédécesseurs, car Kara-Odscha est le point extrême atteint au sud sur le fleuve par l'expédition de Prague]. De la passe qui domine cet endroit, ce ' panorama grandiose ', p. 36 : « tief vor uns das Relief der pamphylischen Hügellandschaft, der gewundene Lauf des Manavgat, die schmale sumpfige Küstenebene und das weite blaue Mauer ; hinter uns die dichtgedrängten, bis hinauf bewaldeten Hochberge Ostpisidiens ».

1. Manavgat a été longtemps le nom du pays de la rive droite, et non de l'agglomération ; cf. B. Flemming, *Landschaftsgeschichte von Pamphylien, Pisidien und Lykien im Spätmittelalter* (*Abh. Kunde Morgenlandes*, 35, 1 ; 1964), 7, note 4, et 86 ; sur les inscriptions du XIIIe siècle dans la forteresse, p. 36.

2. Cf. par exemple Hüseyin Orak, *Türkiye Kılavuzu*, I (1946), 366-367 ; 367, photographie du pont ; 366, photographie des chutes à 2 km. 500 en amont de la ville. Le pont suspendu a 85 m. de long.

3. *Asie Mineure*, I, *Géographie physique comparée* (1853), 277-278. Cf. P. von *Tschihatscheff's Reisen in Kleinasien und Armenien 1847-1863, Itinerare redigirt... von H. Kiepert* (*Petermanns-Mitt.; Erg. 20;* 1867), p. 20 B ; en venant de l'Est (je traduis) : « — jusqu'au Manawgat-Tschaï et à sa rive gauche (en face, sur la rive droite, tours en ruines et autres murs), un peu en remontant vers Bazardjik (Petit Marché) avec bac traversée du fleuve, qui a une eau froide et claire et qui est aussi fort que l'Ermenek-Su [le Calycadnos], et même qui ne le cède guère au Kyzyl-Irmak [l'Halys], et qui est aussi navigable pour des bateaux sur une certaine étendue. Sur la rive droite un bâtiment de douane. En une demi-heure à l'Ouest-Nord-Ouest, par des hauteurs notables, au grand village Manawgat ». — A propos du fleuve Gortynios d'Arcadie, qui est le plus froid de tous, Pausanias ajoute, VIII, 28, 3 : ψυχρὸν μὲν δὴ ὕδωρ καὶ Κύδνου τοῦ διεξιόντος Ταρσεῖς καὶ Μέλανος τοῦ παρὰ Σίδην τὴν Παμφύλων. Ἄλεντος δὲ τοῦ ἐν Κολοφῶνι καὶ ἐλεγείων ποιηταὶ τὴν ψυχρότητα ᾄδουσι. De même dans Constantin Porphyrogénète, *De thematibus*, 14, 38 : εἶτα Μέλας ὁ ψυχρὸς ποταμός. C'est en effet, note G. Hirschfeld, *loc. cit.*, 127, un ' Gebirgsstrom ' (cf. ci-après, 49, note 8). — W. Ruge, *PW* s. v. *Melas 22*, a bien relevé que Ψυχρὸς ποταμός était une caractéristique du fleuve et non pas son nom, comme le disait W. Tomaschek, *Zur hist. Topogr. von Kleinasien im Mittelalter* (Vienne, 1891), 55-56. Constantin place d'ailleurs mal le fleuve, entre Sélinonte et Sykè ; mais toutes ces lignes, du Kalliston Oros à Séleucie, ont un ordre géographique bouleversé. A. Pertusi, dans son édition commentée, *Costantino Porfirogenito, De thematibus* (*Studi e Testi*, 160 ; Vatican, 1952), p. 152, écrit : « Il fiume Melas di cui è ricordo pure in Strab. XIV, p. 667 [c'est bien notre Mélas de Pamphylie], è ora il Kara-ṣû (Tomaschek, p. 74) ». Comment l'auteur n'a-t-il pas vu qu'au lieu de prendre dans Tomaschek le Mélas de Strabon et de Constantin à sa place, en Pamphylie, p. 55-56, il tombait, à la page 74, sur un Mélas tout différent, dans la région d'Antioche de Syrie et pour lequel Tomaschek n'a certes allégué aucun de ces auteurs ? Le reste du commentaire de A. Pertusi en cette page est une série d'ignorances et de bévues ridicules, sur Laryma, Phoinix, Pisyè, Aghia, Tauropolis. Ainsi pour Strobilos de Carie, A. Pertusi nous apprend ceci : « Strobilo si trovava presso l'odierno Jomard (Tomaschek, pp. 38-39) ». Jomard est un nom assez singulier pour un toponyme turc en Carie. Or, Tomaschek écrivait : « Strovolo schreibt die pisanische Karte bei Jomard, eine andere Strogoli ». Notre philologue a dû entendre quelque chose comme : « la carte pisane [qu'il ait su ou non ce qu'était ce portulan] place Strovolo près de Jomard », et notre commen-

par son cours inférieur, où je l'ai traversée en bateau, vis-à-vis de Bazardjik, à une lieue environ au-dessus de son embouchure, cette rivière est peut-être la plus considérable, sous le rapport de sa largeur et surtout de son volume d'eau, parmi toutes celles qui débouchent sur le littoral de la Pamphylie et de la Cilicie ; aussi est-elle parfaitement navigable, même en été, du moins pour de petits vaisseaux ; j'en ai vu plusieurs qui venaient de Chypre et la remontaient en profitant d'une belle brise du sud. L'eau de la rivière est fraîche et limpide. A Bazardjik, sa largeur est au delà de 65 mètres et sa profondeur de plus de 2 mètres ; cependant celle-ci diminue à son embouchure, où la rivière se divise en plusieurs bras qui tendent à s'ensabler de plus en plus ». Tous les voyageurs ont noté la largeur du fleuve[1] et sa naviga-

tateur géographe a pris Jomard pour un village turc actuel. Traduisant : « la Carte Pisane dans Jomard écrit Strovolo », il aurait dû être clair que ' Jomard ' était l'illustre géographe (1777-1862), qui, après avoir fait partie de l'expédition d'Égypte, dirigea la publication de la fameuse *Description de l'Égypte* de 1803 à 1821, et qui, après avoir organisé à la Bibliothèque Royale un département des cartes et collections géographiques, entama un recueil, *Les Monuments de la géographie ou recueil d'anciennes cartes européennes ou orientales publiées en fac-similé de la grandeur des originaux.*

1. Déjà en 1800, et sans doute le premier, le Général Koehler, venant de l'Est, d'Alanya : « crossed the large river of Manavgát at one hour short of the town, which is situated in the midst of fields and gardens, in a fertile district, watered by many rivulets ». Ces notes ont été publiées par W. M. Leake, *Journal of a tour in Asia Minor* (1824), 129. On sait que le voyage de Leake à travers l'Asie Mineure en 1800 eut cette occasion : Leake, alors capitaine d'artillerie (cf. Wittmann (ci-après) p. 2), faisait partie de la troupe des officiers anglais envoyés auprès de la Porte pour aider l'armée turque à chasser les Français d'Égypte. Le journal de Leake commence ainsi, p. 1-2 : « On the 19th of January 1800, I quitted Constantinople, on my way to Egypt, in company with the late Brigadier General Koehler, the late Sir Richard Fletcher [il était alors ' Major... of the royal engineers '], the late Archdeacon Carlyle, Arabic professor at Cambridge [ses lettres de Constantinople (exactement de Büyükdere, séjour d'été de l'ambassade, ou de « British Palace, Pera »), de Jaffa, Larnaca et Salonique dans R. Walpole, *Memoirs relating to European and Asiatic Turkey*[2] (1818), 152-197], and Mr. Pink, of the corps of Royal Military Surveyors, and Draftsmen. We were well armed, and dressed as Tatár Courriers [cf. *J. Savants* 1961, 126 ; cf. Wittman (ci-après), 243-244)], and the whole party, including servants, baggage, Turkish attendants, and postillions, formed a caravane of thirty-five horses ». Sur la mission de Koehler, voir Fr. Charles-Roux, *L'Angleterre et l'expédition française en Égypte* (*Soc. Roy. Géogr. Égypte;* Le Caire, 1925), I, 96 (sa nomination à la tête de la mission, sept. 1898-janvier 1899 ; colonel d'artillerie, « autorisé à se parer du titre de général » ; mission antérieure à Constantinople) ; 141 (retard dans le départ de la mission) ; 159-161 (se fixe à Constantinople ; querelles de préséance et de compétence avec Sydney Smith, qui défend Saint-Jean d'Acre) ; 185-186, 212-213 (plans de campagne) ; 219 (querelle avec Sidney Smith et ' la marine ') ; II, 147 (sa mort au camp de Jaffa ; en janvier, il ' venait de mourir '). Koehler est mort de la peste au camp de l'armée turque à Jaffa le 29 décembre 1809, quinze jours après sa femme ; voir W. Wittman, *Travels in Turkey, Asia-Minor, Syria, and across the Desert into Egypt during the years 1799, 1800 and 1801 in company with the Turkish Army and the British Military Mission, to which are annexed observations on the plague and on the diseases prevalent in Turkey, and a meteorological journal, by William Wittman, M. D., of the Royal Artillery, Member of the Royal College of surgeons in London, and surgeon in the British Military Mission acting with the Army of the Grand Vizier* (Londres, 1803), 195-196, 197, 260, 488-489. Leake accompagna Koehler jusqu'à Chypre ; au

bilité jusqu'à Manavgat ; ainsi Beaufort, qui le remonta avec son navire[1], les Instructions Nautiques[2], Ad. Wilhelm[3], H. Rott[4]. Le Stadiasme notait, 213, en venant de l'Est : ἀπὸ 'Αρτέμιδος ναοῦ ἐπὶ ποταμὸν πλωτὸν Μέλανα στάδιοι θ'[5]. On ne le passait pas sur un pont ni à gué, on l'a vu. Ainsi le comte de Pourtalès, en 1843, « se fait transporter sur la rive Est, car ce fleuve, avec son eau verte, était trop large, rapide et profond pour qu'on pût le traverser à cheval et à gué »[6]. E. Sperling donnait la profondeur et la largeur du fleuve « à l'endroit du bac », par lequel on faisait passer aussi les chevaux, en 1862[7]. « Nous passâmes sur un bac le large Manawgat », écrivait H. Rott en 1908[8].

retour, tombé malade à Alanya, il le laisse « poursuivre son voyage par terre à Constantinople » (p. 127), avec Fletcher et Pink, et il publie ses notes, pp. 129-143, d'Alanya par Adalia, Burdur, Dombay, Kütahya à Shugut, c'est-à-dire Söğüt, aux frontières de la Phrygie et de la Bithynie, en vue de l'Olympe ; ces notes sont datées du 11 mars au 1er avril ; lui-même revint par les îles, de Rhodes à Ténédos. Or, en décembre, Koehler était à Jaffa pour y mourir ; Leake participe aux combats en Syrie (fréquentes mentions dans Wittman). Ce n'est donc pas ' en route vers l'Égypte ' qu'eut lieu ce voyage à travers l'Anatolie (aller et retour) de Constantinople à Chypre. Ce n'est qu'ensuite, après avril, que Koehler, Leake, Fletcher et Pink durent repartir, avec Mrs Koehler, pour Jaffa.

1. *Karamania,* 157 : « Crossing a shallow bar, we ascended the river about four miles, to an irregular fortress on its right bank. It is surrounded by high walls, and flanked by towers of all shapes ; they are inhabited by a few Turks, whose military appearance seemed fully suited to the misery and decay of their fortifications ».

2. *Méditerranée Orientale,* II, 185 : « La mer brise à l'embouchure du fleuve, qui a près de 168 mètres de large à cet endroit avec des fonds de 3,7 mètres. A 100 mètres de l'embouchure, il y a une barre de sable sur laquelle il n'y a qu'un mètre d'eau ; elle est marquée par de légers brisants, même par temps calme. Tout de suite en amont, la rivière se rétrécit et n'a plus que 50 mètres de large ; mais les fonds augmentent jusqu'à 6,4 mètres. A 2 ou 3 milles de l'embouchure, il y a encore 5 mètres d'eau. A hauteur du château de Manavgat Kalassi, la rivière a 37 mètres de large et 4 mètres de profondeur. Le fleuve est en fait navigable pour des embarcations pendant près de 6 milles, jusqu'à 1 mille en amont du village de Manavgat ».

3. *Reisen in Kilikien,* p. 134 : sur la rive droite, grand han et pauvre bazar ; en face, sur la rive gauche, le village ; proche, la forteresse Assar, bien conservée. « Revenus au khan, nous traversâmes le fleuve qui est navigable jusqu'ici pour de petites barques à voiles ». Sur ce han, cf. K. Erdmann, *Das anatolische Karavansaray des 13. Jhdts,* I (1961), p. 207, n° 109 ; « er wird noch heute benutzt, ist aber nicht älter als 150 Jahre ». Pourtalès (cf. ci-après, note 6), signale ' un grand han pour le dépôt des marchandises ', mais ' sur la rive orientale '.

4. *Kleinas. Denkm.* (1908), 65 ; 67 : « Auf kleinern Boten werden aus dem Innern Korn und Holz herabgeführt und hier auf grössere Schiffe verladen ».

5. G. Hirschfeld, *loc. cit.,* 126, a relevé ce témoignage. P. de Tchihatcheff, *loc. cit.,* s'étonnait de l'absence de témoignage ancien là-dessus ; d'où C. Ritter (cf. note suivante), 606.

6. Dans C. Ritter, *Klein-Asien,* II (1859), 606 (j'ai traduit).

7. E. Sperling (drogman à l'Ambassade de Prusse à Constantinople), *Zeitschrift Ges. Erdkunde* 1864, *Ein Ausflug in die isaurischen Berge im Herbst 1862,* 55 : « Den Fluss fand auch ich, wie meine Vorgänger, an 6-8 Fuss tief und sein Wasser sehr kalt und erfrischend zum Trinken ; aber 200 Fuss breit, wie P. V. Tschichatschew sagt, ist er an der Stelle der Fähre nicht, höchstens 80 bis 90 Fuss. Nachdem wir unsere Pferde übergesetzt, was sehr rasch von Statten ging, ritten wir... ».

8. *Kleinas. Denkmäler,* 67. — Sur le fleuve, voir aussi X. de Planhol, *De la plaine*

Il est intéressant de confronter avec ces descriptions et avec le terrain un passage d'Ammien Marcellin, XIV, 2, sur les méfaits des Isauriens en 359. Quittant la Lycaonie, pays de plaines, où ils ont le désavantage, ils veulent, par des chemins détournés, gagner la Pamphylie, non ravagée, mais bien munie de troupes[1]. Progressant rapidement, confiants en leur vigueur et leur agilité, ils comptaient devancer la nouvelle de leur arrivée ; mais les chemins en lacets jusqu'aux sommets des hauteurs les ont retardés. Ils arrivent *ad supercilia fluvii Melanis alti et verticosi, qui pro muro tuetur accolas circumfusus*. Arrivés à la nuit, ils ont peur et ils attendent le jour. « Ils pensaient franchir le fleuve sans que personne s'y opposât et ravager la région voisine en un raid inopiné ». « Au lever du soleil, la grandeur d'une gorge étroite, mais profonde, les empêchait de passer ; ils cherchent des barques de pêcheurs ou ils s'apprêtent à passer sur des radeaux improvisés. Cependant les légions qui hivernaient alors près de Sidè sortent pour se porter à leur rencontre dans un élan rapide. Elles plantent leurs enseignes près de la rive pour un combat corps à corps et elle se fortifiaient en faisant savamment un épais assemblage de leurs boucliers. On tua très facilement ceux qui osèrent traverser le fleuve en cachette, en nageant avec confiance ou avec des troncs d'arbre creusés »[2]. Après de nombreux et vains efforts, les Isauriens

Pamphylienne aux lacs Pisidiens, Nomadisme et vie paysanne (*Bibl. Inst. Fr. Istanbul*, III ; 1958), 56-57 : « Les données très fragmentaires recueillies pour le Köprü Su [l'Eurymédon] et le Manavgat Çay ont été utilisées par Ibrahim Hakkı Akyol (Congrès de Lisbonne). Le trait caractéristique est la très grande abondance de ces cours d'eau. Le débit relatif moyen atteint 90 litres-seconde par km² pour le Köprüsu à Beş Konak... et 90 litres-seconde par km² pour le Manavgat çay à Homa..., chiffre énorme qui ne s'explique que par des conditions tout à fait exceptionnelles, alimentation neigeuse importante, alimentation par des sources karstiques permanentes justifiant la limpidité de l'eau et sa température très basse jusqu'au cœur de l'été, et surtout étendue réelle du bassin récepteur certainement très supérieure à celle du bassin topographique apparent en raison des phénomènes de circulation souterraine (M. Pardé). Le débit moyen, de 101 m³ pour le Köprü su, atteint 202,5 m³ pour le Manavgat çay... (Régime du fleuve). Le cours du Manavgat çay ne comporte qu'une section très insignifiante dans la plaine et son abondance reste certainement très forte à l'embouchure. Malheureusement l'encaissement de son cours rend pratiquement impossible toute utilisation intensive de ses eaux pour l'irrigation, des norias étant nécessaires pour l'utilisation des eaux. Le Köpru su et surtout l'Aksu [le Kestros] se prêtent mieux à de tels prélèvements et sont, d'autre part, guéables en été dans la plaine, à la différence du Manavgat çay. Les trois fleuves étaient accessibles au trafic des navires antiques, limité pour le Manavgat çay à la chute de 4 mètres située à 3 kilomètres en amont de la bourgade de Manavgat, alors que sa profondeur (à laquelle il devait son nom antique de Melas, le fleuve noir) en faisait une voie de pénétration de choix ».

1. *Tramitibus deviis petivere Pamphyliam, diu quidem intactam, sed timore populationum et caedium milite per omnia diffuso propinqua, magnis undique praesidiis communitam.*

2. *Nam sole orto magnitudine angusti gurgitis sed profundi a transitu arcebantur, et, dum piscatorios quaerunt lenunculos vel iunare temere contextis ratibus parant, effusae legiones, quae hiemebant tunc apud Siden, iisdem impetu occurrere veloci. Et, signis*

se retirèrent, démoralisés autant que battus, et par la montagne gagnèrent Laranda.

Il ne s'agit pas, chez l'historien latin, de « die eindrucksvolle Schilderung des unwegsames Flusstales »[1]. On n'est plus dans la montagne[2]. Les Isauriens ont atteint le fleuve, sur sa rive gauche (à l'Est), quand il traverse la plaine[3]. Ce qui les arrête, ce n'est pas une vallée difficile, mais le lit même du fleuve, avec ses rives abruptes[4], son cours violent et sa profondeur, qui ne laisse place à aucun gué, de même qu'il n'y a aucun pont. Venus en toute hâte de la ville proche de Sidè, les soldats se sont établis sur la rive droite du fleuve et ils n'ont qu'à tuer les Isauriens qui arrivent de ce côté, isolés et fatigués. C'est ainsi que le fleuve lui-même forme ' un mur ' protecteur pour les populations de la Pamphylie.

Les photographies Pl. IV-V, VIII, XII-XIII peuvent bien montrer ce qu'est le cours du Mélas dans la plaine. La pl. VIII a été prise de Manavgat même et montre le cours en aval. Les deux autres photos ont été prises près de la cascade ; l'une montre la cascade elle-même et le paysage en amont, l'autre le fleuve en aval.

Ainsi, il n'y avait pas de pont sur le Mélas, — et l'on peut mesurer l'absurdité d'imaginer qu'un pareil pont sur un pareil fleuve aurait pu être construit par un particulier et qu'on aurait fait une discrète allusion à cette γέφυρα en disant « ayant payé la traversée du fleuve Mélas ». C'est à un bac que s'applique ici le mot διάϐασις. La tournure ἀπολύειν τὴν διάϐασιν retrouve alors un sens acceptable : ayant exempté de paiement la traversée du fleuve, ou ayant acquitté le paiement de la traversée du fleuve, — ce qui, je crois, reviendra au même. Le généreux Touès a assuré la gratuité du bac.

Ce service essentiel du bac était nécessairement affermé à un *redemptor* ou à une société[5]. Nous avons deux beaux documents en Asie Mineure sur ces bacs à l'époque impériale[6] : à Smyrne,

prope ripam locatis ad manus comminus conserendas, densata scutorum compage semet scientissime praestruebant. Ausos quoque aliquos fiducia nandi vel cavatis arborum truncis amnem permeare latenter, facillime trucidarunt. Unde tentatis ad discrimen ultimum artibus multum; cum nihil impetraretur, pavore vique repellente extrusi et quo tenderent ambigentes, venere prope oppidum Laranda.

1. W. Ruge, *PW* s. v. *Melas 22:* « Die... Schilderung... bei Amm. Marc., 14, 2, 9 wird als richtig bestätigt von Jüthner, Knoll, Patsch, Swoboda, *Vorl. Ber.*, 34 f., 37 ».

2. C'est à la montagne que s'applique la description de Patsch, 34 sqq.

3. Au plus haut vers Kara-Odscha.

4. Dans la plaine il y a les ' Bruchufer ', le ' cours encaissé '.

5. Cf. dans le Digeste, XIX, 2, 60, 8, sur la location d'une voiture : *id cum pontem transiret, redemptor eius pontis portorium ab eo exigebat.*

6. Cf. S. J. De Laet, *Portorium* (1949), 351-361 : *Les portoria municipaux à l'époque du Haut-Empire.* Je ne parle pas de l'époque hellénistique avec les πορθμεῖς et πορθμεύοντες εἰς 'Ερυθράς à Chios et les πορθμεῖς, qui, à Milet, ont affirmé τὸ τέλος τῆς πορθμίδος τῆς εἰς τὸν 'Ιωνοπολιτικὸν κόλπον (*Rev. Ét. gr.* 1929, 35 et 38, n. 3).

sur une coalition relative à une πορθμεία et au tarif de son ναῦλον, et sur d'autres πορθμεῖαι[1], et, à Myra de Lycie, pour protéger la ferme ἡ ἐπὶ Λίμυρα πορθμικὴ ὠνή, et contre ceux qui veulent παραπορθμεῦσαι[2]. Touès a pris les frais à sa charge. Nous avons plusieurs exemples d'une générosité analogue à l'époque impériale : un bienfaiteur a payé tel impôt pour ses concitoyens[3]. On comprend assez quel service Touès a rendu à la fois aux gens de Sidè, sur la rive droite du fleuve, et à ses compatriotes venant, de la rive gauche, vers Sidè. Cela marque bien aussi le rôle du passage du Mélas dans les communications pour toute la région. Cette brèche fluviale formait ' un mur '. Après *Coracesium, finisque antiquus Ciliciae Melas amnis*, écrivait Pline[4]. P. de Tchihatcheff mentionnait, au passage du fleuve, un bâtiment de douane[5]. Au Moyen Age le « kaza de Manavgat » avait pour limite orientale la barrière du fleuve[6].

1. Le Bas-Waddington, 4 (*IGR*, IV, 1427) ; *Gr. I. Br. Mus.*, 1021 (*Sylloge*³, 1262).
2. Le Bas-Waddington, 1311 (*OGI*, 572). Photographie d'une partie et commentaire topographique dans *Noms Indigènes de l'Asie Mineure*, 35-37 et Pl. II.
3. Cf. M. Rostovtzeff, *Gesellschaft und Wirtschaft im röm. Kaiserreich*, I, 327, note 29 ; inscriptions de Ténos et d'Andros instituant une fondation pour que soit payé sur le revenu τὸ ἐπικεφάλιον, τὸ ἐπικέφαλον, et inscription, à Beroia, d'un grand-prêtre du culte impérial qui, pendant sa charge, δόντα ... τὸ ἐπικεφάλιον ὑπὲρ τῆς ἐπαρχίας ; — *La Carie*, II, pp. 174-175 : à Héraclée de la Salbakè un bienfaiteur a versé 2 340 deniers ὑπὲρ τοῦ ἐπ[ικε]φαλίου τῶν πολιτῶν ; les inscriptions précédentes sont analysées dans le commentaire, ainsi que d'autres à Lycosoura d'Arcadie, à Stratonicée de Carie, à Xanthos. Dans ce dernier cas, *TAM*, II, 291, un personnage a laissé par testament 30 000 deniers εἰς τὴν τῆς ἀτελείας λόγον ; sa statue est élevée, à leurs frais, par ceux qui ont été ainsi ' dispensés, délivrés ' d'un impôt : οἱ ἀνειμένοι τοῦ ἐνκυκλίου τοπικοῦ τέλους ; le verbe est à rapprocher du passif ἀπολύεσθαι qui s'appliquerait aux bénéficiaires de la générosité de Touès. Cas assez obscur dans le fragment de décret de Termessos *TAM*, III, 6.
4. *HN*, V, 93. Cf. ci-dessus, 45, note 2.
5. Voir ci-dessus 47, note 3.
6. Cf. B. Flemming, *loc. cit.*, 101, n. 1.

IV. DÉCRET HELLÉNISTIQUE DE TERMESSOS

L'inscription suivante a été trouvée à Termessos par G. M. Hanfmann le 15 septembre 1964. C'est le sommet d'une stèle qui conserve le début d'un décret de l'époque hellénistique.

Voici les renseignements sur la trouvaille et la pierre, qui m'ont été communiqués par mon collègue lorsqu'il m'a envoyé ce texte pour publication[1].

« Trouvé en face d'une façade funéraire creusée dans le roc en forme de naïskos, peut-être Lanckoronski, p. 73, fig. 20 ; au sud de F 4 dans le plan après la page 22. Au pied du rocher. Un endroit, manifestement une tombe, a été fouillé par des chercheurs clandestins. Des tuiles peintes, un chapiteau de marbre à feuille de palmier, de la poterie d'apparence hellénistique disséminée dans la terre. — Partie supérieure d'une stèle de marbre jaune. Le sommet et le côté gauche brisés à la surface et aux coins, mais par ailleurs complets. Le côté droit et le bas brisés. Un ornement floral d'angle est conservé au sommet à gauche. — Pas de mesures ; mais la largeur est d'environ 50 cm., la hauteur d'environ 35 cm. Lettres d'environ 10 à 15 mm. »

J'ai eu deux photographies en couleurs. M. Clair en a tiré les épreuves en noir que je publie ici (Pl. III) et d'après lesquelles j'ai vérifié ou modifié les lectures, dont je porte la responsabilité.

Βασιλεύοντος Πτολεμαίου τοῦ Πτ[ο̣λεμαίου],
ἔτους πέμπτου · μηνὸς Αὐδναίου · ἐκκ̣[λησίας]
κυρίας γενομένης · ἐπὶ δικαστῶν τ[ῶν]
[π]ερὶ Μ̣υ[ρ̣]εσιν [τὸ]ν Οργιμοτου καὶ Μίδ[αν]
[τ̣]ὸ̣ν̣ Κλατω... υ̣ καὶ Πολύαρχον τὸν ...
... ητος · ἀγαθῆι τύχηι · ἔδοξεν Τερμησσ[έ]-
[ω]ν τῆι πόλει · ἐπειδὴ Φίλιππος 'Αλεξ[ά̣ν]-
[δρο]υ Μακεδὼν ὑπὸ βασιλέως Πτολεμ[αί]-
[ου] κ̣ατασταθεὶς παμφυλι[άρχης - - - - -]
[- - - - - - ἀ]ξίω̣[ς - - - - -]

L'inscription est datée de la 5e année de Ptolémée Philadelphe, c'est-à-dire de 281-280. L'assemblée a dû se tenir tout à la fin de 281 ou tout au début de 280, sauf erreur.

1. G. M. Hanfmann a signalé cette inscription au Musée d'Antalya, pour que la pierre y soit transportée.

Nous apprenons que Termessos a été soumise aux Lagides sous Philadelphe. C'est nouveau, mais c'est naturel, puisque nous savions que la Pamphylie était possédée par Philadelphe, qui la tenait de son père[1], et qu'un décret d'Aspendos montrait une action militaire dans le pays pour Ptolémée Sôter[2]. Juste en bordure de la Pamphylie, la ville pisidienne de Termessos a suivi le sort de la plaine ouverte, à toute époque, aux dominations maritimes.

La mention du mois Audnaios atteste que Termessos employait alors le calendrier macédonien. Sous Philadelphe et sous Évergète il en était de même en Lycie, à Lissa, à Telmessos et à Araxa[3]. A l'époque impériale, la ville de Termessos eut son calendrier propre, qui contenait des noms de mois d'origine indigène ou tirés de divinités grecques[4]. Il est remarquable que la Lycie ait toujours gardé le calendrier macédonien, et à l'époque hellénistique[5] et sous l'Empire.

La formule ἐκκλησίας κυρίας γενομένης se trouve aussi au IIIe siècle dans les villes lagides de la Lycie, à Lissa[6], à Araxa[7], à Telmessos, dans le fameux décret pour Ptolémée fils de Lysimaque[8], et dans un décret que je reproduis ici[9] :

1. Cf. notamment K. J. Beloch, *Gr. Gesch.*[2], IV 2, 333-335 ; Ernst Meyer, *Die Grenzen der hellen. Staaten in Kleinasien* (1925), 44 et 160 ; W. Otto, *Beiträge zur Seleukidengeschichte des 3. Jhdts v. Chr.* (*Abh. München*, 34, I ; 1928), 20 ; W. Ruge, *PW* s. v. *Pamphylia*, 365. Pour les Lagides en Pamphylie à une époque postérieure, cf. H. Seyrig, *Revue Numism.* 1963, 40, 47, 56-57.

2. Voir notamment P. Roussel, *REG* 1916, 453 ; M. Segre, *Aegyptus* 1934, 253-268 ; H. Bengtson, *Die Strategie*, I, 144, n. 2 ; W. Ruge, *PW* s. v. *Pamphylia*, 365 ; M. Launey, *Recherches sur les armées hellénistiques*, II (1950), 249, 461, 467, 472, 656-657 ; *Bull. Épigr.* 1959, 469.

3. Lissa : *TAM*, II, 158 et 160, Artémisios et Péritios. Telmessos : *ibid.*, 1, Dystros. Araxa : *Annuario Sc. Arch. At.*, VIII-IX, 315.

4. Idalianios et Sôtérios dans *TAM*, III, 4 ; Thesmophorios, *ibid.*, 263. Ces deux inscriptions sont à peu près de la fin du IIe siècle p. C.

5. A Telmessos en 184 : *Riv. Fil.* 1932, 446, Audnaios. A Araxa, Dystros (J. Pouilloux, *Choix*, n. 4 ; *Bull. Épigr.* 1950, 183).

6. *TAM*, II, 158 : Βασιλεύοντος Πτολεμαίου τοῦ Πτολεμαίου, ἔτους ὀγδόου, μηνὸς Ἀρτεμισίου · ἔδοξε Λισσατῶν τ[ῶι] δ[ή]μωι, κυρίας ἐκκλησίας γενομένης ; — 159 : [Βασιλεύο]ντος Πτολεμαίου τοῦ Πτολεμαίου, ἔτους ἑνδεκάτου, [μηνὸς Περειτίου ?], ἐκ[κ]λησίας κυρίας γενομένης, ἔδοξε Λισσατῶν τῶι δήμωι ; — 160 : Βασιλεύοντος Πτολεμαίου τοῦ Πτολεμαίου κ[αὶ] Ἀρσινόης θεῶν Ἀδελφῶν, ἔτους δευτέρου, μηνὸς Πε[ρει]τίου τριακάδι · ἔδοξε Λισσατῶν τῶι δήμωι κυρίας ἐ[κ]κλησίας γενομένης.

7. Ἔτους ὀγδόου · μηνὸς Γορπιαίου · ἐκκλησίας κυρίας γενομένης · ἔδοξεν Ἀραξέων τῆι πόλει καὶ τοῖς ἄρχουσι Θρασυμάχωι Θρασυμάχου, Λύκωι Δημητρίου, Ἡγησιλάωι Δρύου (*Ann. Sc. It. At.*, VIII-IX, 315). Plus tard, ἐκλησίας ἐννόμου ο[ὔ]σης, ἔδοξεν Ἀραξέων τῶι δήμωι καὶ τοῖς ἄρχουσιν (J. Pouilloux, *Choix*, n. 4).

8. *TAM*, II, 1 : Βασιλεύοντος Πτολεμαίου τοῦ Πτολεμαίου καὶ Ἀρσινόης θεῶν Ἀδελφῶν, ἔτους [ἑβδ]όμου, μηνὸς Δύστρου, ἐφ' ἱερέως Θεοδότου τοῦ Ἡρακλείδου, δευτέραι, ἐκκλησίας κυρίας γενομένης, ἔδοξε Τελμησσέων τῆι πόλει. Dans le décret de 184 a. C. (cf. ci-dessus, n. 5), [ἐκκλησίας κυρί]ας γενομένης ἔδοξεν Τ[ελμησσέων] τῆι πόλει καὶ τοῖς ἄρχουσι.

9. M. Segre, *Clara Rhodos*, 9 (1938), 185-186 et photographie fig. 1.

Ἀγαθῆι τύχ[ηι].
Βασιλεύοντος Πτ[ολεμαίου τοῦ]
Πτολεμαίου Σωτῆ[ρος · ἔτους - -]
4 καὶ εἰκοστοῦ, μηνὸς Γ [- - - -][1]
ἐπ' ἀρχόντων Ἰάσον[ος, τοῦ δεῖνος,]
Ἀπολλοδώρου · ἐκλ[ησίας κυρίας]
7 γενομένης[2] · ἔδοξε [Τελμεσσέων]
τῆι πόλει καὶ τοῖς γ[εραιοῖς[3] · ἐπεὶ]
Λειμὼν Ἀντιπάτρ[ου Μακεδὼν[4] ἀνὴρ]
10 καλὸς καὶ ἀγαθὸς [ὢν καὶ φίλος]
Πτολεμαίου τοῦ Λ[υσιμάχου, τὴν]
πᾶσαν εὔνοιαν πα[ρέχεται, καὶ]
Τελμεσσέων πολ - - -
[κοι]νῆι καὶ ἰδίαι ἑκ[άστ -[5]]

L. 8, l'éditeur écartait un supplément π[ρυτάνεσι] pour préférer π[αροίκοις], qui seraient les habitants de la ' chôra '. Nous avons écarté cette formule impossible et justifié γ[εραιοῖς][6], en faisant remarquer que la lettre d'Attale à la ville pisidienne d'Amblada était adressée τῆι πόλει καὶ τοῖς γεραιοῖς[7]. A Termessos même on sent l'existence d'un corps de ce type à la fin du IVe siècle dans le récit de Diodore relatif au conflit entre πρεσβύτεροι et νεώτεροι, en 319, au sujet du sort d'Alkétas, frère de Perdiccas, réclamé par Antigone[8]. On a vu plus haut, à propos de la fondation

1. On ne peut décider entre Γορπιαίου, Πανήμου et Περιτίου.
2. Cette formule a été oubliée dans la transcription de l'éditeur, qui, par lapsus, est passé directement de Ἀπολλοδώρου à ἔδοξε.
3. Voir ci-après le commentaire.
4. Je restitue l'ethnique Μακεδών, qui convient bien au patronyme Ἀντιπάτρου. L'éditeur déclarait ne connaître le nom Leimôn que dans la mythologie. Mais Bechtel, *HP*, l'enregistrait à Thasos au Ve siècle (*IG*, XII 8, 277, l. 56). La prosopographie thasienne de J. Pouilloux et Chr. Dunant, *Recherches sur Thasos*, II, 286, connaît quatre personnages de ce nom. En Macédoine, à Amphipolis, culte de Κόρη Λειμωνία (*Rev. Arch.* 1935, II, 67 ; je commente ailleurs l'épithète).
5. L'éditeur écrivait : [τὴν] πᾶσαν εὔνοιαν πα[ρέχει (le moyen me semble meilleur) καὶ τῶν] Τελμεσσέων πολ[υωρεῖ πάντων κοι]νῆι καὶ ἰδίαι ἑκ[άστου τῶν πολιτῶν], en observant qu'il peut y avoir des variantes.
6. *Bull. Épigr.* 1939, 380.
7. C. B. Welles, *Royal Corresp.*, 54 (cf. p. 239) ; J. Keil, *Denkmäler aus Lykaonien*, 74.
8. Diodore, 18, 46-47. Selon R. Heberdey, *PW* s. v. *Termessos* (1934), 748, « beide Ausdrücke sicherlich nicht als staatsrechtlichen Kategorien, sondern einfach von Lebensaltern zu verstehen ». P. Roussel a jugé que c'était « écarter trop sommairement le rapprochement avec la Gérousia » (*Étude sur le principe de l'ancienneté dans le monde hellénique du Ve siècle av. J.-C. à l'époque romaine* (*Mém. Acad. Inscr.*, 43, II ; 1942), 84-86) : « L'opinion des vieillards paraît émaner d'un corps délibérant en commun (τῶν πρεσβυτέρων συμβουλευόντων) ; leur action se manifeste par des mesures dûment réfléchies. Ce corps devait jouer un rôle politique et disposer pour une large part de l'autorité. Malheureusement nous ne savons rien de la constitution de Termessos à l'époque hellénistique et l'existence d'une gérousie aux temps romains n'autorise

de Pinara, le rôle joué par les πρεσβῦται dans des traditions sur l'histoire de Xanthos et des villes qui furent fondées par le trop-plein de sa population.

La mention des δικασταί pose des questions délicates. Ces juges semblent jouer le rôle d'un bureau de l'assemblée. A l'époque impériale, on ne connaîtra à Termessos que des πρόβουλοι et par de très nombreuses inscriptions. Dans les institutions grecques, ce n'est pas un parallèle que d'évoquer le rôle d'un δικαστήριον pour rendre valable à Athènes le droit de cité[1]. Certes à la fin de décrets de Gonnoi on lit, comme additions, la ratification κύριον et le nom de trois κριταί[2]. C'est à Thessalonique que des δικασταί figurent dans l'intitulé d'un décret, comme auteurs conjoints de la proposition : Σωσίπατρος ὁ ὑπεπ[ι]στάτης καὶ οἱ δ̣[ικα]σταὶ Μένανδρος, Νικόδημος, Φιλόδημος, Ἱππίας, [Θ]ά[ρ]σων εἶπαν[3]. La restitution a été justement tirée d'un ' diagramma ' de Philippe V, qui ordonne, pour l'ouverture des troncs du sanctuaire de Sarapis, la présence τοῦ ἐπιστάτου καὶ τῶν δικα[στῶν][4]. On l'a bien dit : comme l'épistate, ce sont des fonctionnaires royaux en Macédoine ; ils reparaissent dans des actes d'affranchissement de ce pays[5]. Il n'y a pas de raison de chercher le même système qu'en Macédoine dans la ville lagide de Termessos[6]. Ce doit être bien plutôt une institution locale traditionnelle. C'est de façon aussi surprenante que l'on constate le rôle de δικασταί dans une association en Carie

aucune conclusion sûre. De son côté, la jeunesse armée a ses cadres tout prêts, la solidarité des groupements militaires ou ' paramilitaires ' leur permet une action unanime d'une terrible efficacité. Les craintes exprimées par Platon sur les dangers des institutions où se fortifie le compagnonnage n'étaient que trop fondées ». P. Roussel a allégué (cf. sa page 43) les ' Anciens ' d'Amblada et de Telmessos rapprochés dans *Bull. Épigr.* Il n'y a rien à tirer, en tout cas pour ce sujet, de récents développements relatifs à la tombe d'Alkétas. — Peut-être un cas parallèle dans un autre pays hellénisé. « Encore en 145 les ' anciens ' sont préposés aux affaires de la ville de Marathos » (E. Bikerman, *Mél. Dussaud*, 99). Du moins Diodore, 33, 5, 2, écrit-il que les Marathéniens décident de devenir ' suppliants des Aradiens ' : τῶν πρεσβυτάτων τοὺς ἐπιφανεστάτους παρὰ τούτοις δέκα πρεσβευτὰς ἐξέπεμψαν εἰς τὴν Ἄραδον ἱκετηρίαν κομίζοντας μεθ' ἑαυτῶν καὶ τὰ παλαιότατα τῶν κατὰ τὴν πόλιν ἀφιδρυμάτων. On peut admettre que ces ' bourgeois de Calais ' (et voir dans la suite leur triste sort) sont pris dans un ' corps ' (παρὰ τούτοις), sans que ce soit assuré.

1. Il suffit de renvoyer à Ad. Wilhelm, *Ath. Mitt.* 1914, 257-315 : *Bürgerrechtsverleihungen der Athener*, et *Attische Urkunden*, III, 10.

2. *Arch. Eph.* 1911, 129, n. 64, l. 18-20 ; 138, n. 75, l. 7. Cf. *BCH* 1929, 155-156. Cf. Ad. Wilhelm, *Neue Beiträge*, VI, 8, qui rétablit une mention analogue à Halicarnasse, en utilisant les décrets d'Oropos *IG*, VII, 399 et 400 : ἐκυρώθη ἐμ βουλῇ (date), ἐπὶ δὲ τοῦ δικαστηρίου. Dans un décret de Milet, récemment publié par P. Herrmann, *Ist. Mitt.*, 15 (1965), 74, l. 14 : τῆς δὲ τιμῆς ἐπικυρωθείσης ἐν τῶι δικαστηρίωι (cf. pp. 88-89).

3. *IG*, XI 4, 1053, l. 10-11. Restitution de S. Pelekidis, Ἀπὸ τὴν πολιτεία καὶ τὴν κοινωνία τῆς ἀρχαίας Θεσσαλονίκης (1934), 17, au lieu de οἱ ἁ̣[ρμο]σταί.

4. S. Pelekidis, *loc. cit.*, 6 ; C. B. Welles, *Am. J. Arch.* 1938, 249-251.

5. Cf. Ph. Petsas, *Arch. Ephem.* 1961, 23-24.

6. Il n'y a pas d'épistate (royal) à Termessos. Ce sont, d'autre part, des systèmes nécessairement fort différents que les institutions d'une ville d'Asie Mineure contrôlée par les Lagides et celles des villes du royaume de Macédoine.

aux environs de Caunos[1] : ceux-ci ont à verser l'argent pour la réparation des autels et à s'occuper du καλυβός. On les a justement rapprochés des βραβευταί connus dans diverses associations ou villages, essentiellement en Lydie. Dans une autre région hellénisée, en Phénicie, le mot δικαστής apparaît dans une inscription de Sidon, où il traduit, vers la fin du IIIe siècle a. C., un titre du vieux passé indigène, ' sofet '[2].

L'onomastique de cette inscription est ce qu'on pouvait attendre à cette haute époque : sur six noms, il n'en est qu'un de grec, Πολύαρχος. Je ne me porte pas garant du nom que j'ai cru pouvoir lire et restituer Μυρεσις. Le quatrième nom commence par Κλατω - ; ce n'est ni Πλάτων, nom qui sera très fréquent à Termessos à l'époque impériale, ni Ἑκατώνυμος ou un autre nom en Ἑκατ —. Οργιμοτης est nouveau. Un nom fréquent à Termessos est, avec la même seconde partie, Οβριμοτης[3]. Μίδας, déjà connu à Termessos, est attesté notamment à Pergè, à Aspendos, vers Korakésion, en Lycie[4].

Le personnage honoré était un Macédonien[5]. Cela s'accorde bien, à cette époque, avec son nom et son patronyme, Philippe fils d'Alexandre.

Je ne vois pas d'autre restitution possible, après κατασταθείς, que ' Pamphyliarque '. Le titre est semblable, parmi les fonctionnaires lagides, à celui de Libyarque[6] et à celui de Nésiarque pour les îles de la Mer Égée[7]. Nous apprenons ainsi que la Pamphylie formait une unité politique distincte et que Termessos en faisait partie.

Ce Philippe ne paraît pas connu par ailleurs. Il nous manque

1. G. E. Bean, *JHS* 1954, 87, n. 22 (cf. *Bull. Épigr.* 1956, 274 b). Nous reprendrons ailleurs le commentaire de cette inscription, notamment pour le καλυβός.

2. E. Bikerman, *Mélanges René Dussaud* (1939), 91-99.

3. Cf. l'index de *TAM*, III, p. 331 ; L. Zgusta, *Kleinas. Personennamen*, 1069, 7-8. Ce nouveau nom pourrait servir à soutenir la lecture Οργετου (génitif) dans l'inventaire de Pergè où Zingerle corrige 'Ορέστου, *SEG*, VI, 728, l. 56 ; cf. *Noms Indigènes*, 376, n. 3 ; L. Zgusta, *loc. cit.*, n. 1103.

4. Sur cette diffusion et ses témoignages, voir *Noms Indigènes*, 424-425 ; pour d'autres régions, aussi *La Carie*, II, 78.

5. Sur cet ethnique, cf. M. Holleaux, *Études*, II, 83 ; III, 359-360 ; L. R., *Nouvelles inscriptions de Sardes*, I, 11. Un Μακεδὼν Ὑρκάνιος, d'Hyrcanis de Lydie (cf. *Hellenica* VI, 16-18), a été pris pour un Macédonien de Macédoine, d'une ville de Macédoine appelée à peu près Hyrcanion, par D. Kanatsoulis, *Makedonika*, 4 (1957), 233.

6. Cf. notamment D. Cohen, *De magistratibus Aegyptiis externas Lagidarum provincias administrantibus* (Diss. Leyde 1912), 98 ; P. M. Fraser, *Bull. Soc. Arch. Alexandrie*, 41 (1956), 52-55.

7. Cf. notamment M. Holleaux, *Études*, III, 30-32 ; F. Durrbach, *Choix d'inscr. de Délos*, I, pp. 28-30. Le décret de Termessos pour le pamphyliarque Philippos fait bien comprendre que le nésiarque de la Confédération des Nésiotes est nommé par le souverain lagide.

de savoir le patronyme du Philippe qui, au début de 303, stratège de Ptolémée Sôter, défendit Sicyone contre Démétrios et dut l'abandonner, revenant en Égypte[1]. Il me semble que la chronologie ne s'opposerait pas à l'identification. Mais il y a trop de ' Philippe Macédonien ' dans la seconde partie du IVe siècle[2].

1. Diodore, 20, 102, 2 : τῆς δὲ τῶν Σικυωνίων πόλεως φρουρουμένης ὑπὸ τῶν Πτολεμαίου τοῦ βασιλέως στρατιωτῶν, ὧν ἦν ἐπιφανέστατος στρατηγὸς Φίλιππος κτλ. ; οἱ φρουροὶ ... τὴν μὲν ἀκρόπολιν δι' ὁμολογίας παρέδοσαν, αὐτοὶ δ' ἀπέπλευσαν εἰς Αἴγυπτον.

2. Il n'y en a pas moins de 13 en rapport avec Alexandre dans la prosopographie de H. Berve, *Das Alexanderreich auf prosopographischer Grundlage*, II, pp. 382-389.

V. INSCRIPTIONS, SITES ET MONNAIES DE LA CILICIE TRACHÉE

George E. Bean et Terence B. Mitford, s'étant associés pour des voyages et des recherches épigraphiques dans la Cilicie Trachée, ont publié en 1965 dans les *Denkschriften* de l'Académie de Vienne, tome 85 (55 pp. et 11 planches in-4°) un mémoire *Journeys in Rough Cilicia in 1962 and 1963*. Les deux voyages dont il est rendu compte faisaient suite à un autre, en 1961, sur la côte entre Alanya et Selindi, dont les résultats avaient paru dans *Anatolian Studies*, 12 (1962), 185-217 : *Sites old and new in Rough Cilicia* [1].Les villes dont il est question dans le récent rapport sont à peu près les mêmes que dans le précédent, à savoir d'abord : Alanya, avec ses magnifiques restes de la ville seldjoucide, l'antique Korakésion sur son roc[2], et ses voisines aux bouts de la plaine côtière, ' Hamaxia ' au nord-ouest et Syedra au sud-est[3], — Sélinonte, où mourut Trajan et qui devint Trajanopolis[4], — Kestros, Lamos et Charadros, — Iotapè et Antioche du Kragos, qui tiraient leur nom des princes de la dynastie de Commagène qui possédèrent cette côte, la reine Iotapè et le roi Antiochos IV, et qui ont dû tenir

1. Avec 5 planches, n°s XXXIII-XXXVII. Diverses observations et compléments dans *Bull. Épigr.* 1965, n. 421-424, 426-428, pp. 172-175. Ci-dessus, chapitre III, sur l'inscription n. 16 et la mention du fleuve Mélas.

2. Cf. *Annuaire Collège de France, 61e année* (1960-61), 314 ; *Anat. Stud., loc. cit.*, 185 ; 186, n. 3 ; 195-196 ; *Hellenica,* XIII, 64 ; 66, n. 3.

3. Les deux voyageurs ne sont pas revenus à Laertès, qu'ils ont identifié, dans leur article précédent, pp. 194 sqq., avec une ruine de cité qu'ils ont découverte sur le Cebelireş Dağ, à 15 km. à l'est d'Alanya, et qui leur a fourni 18 inscriptions (cf. *Bull. Épigr.* 1965, 424). Il n'est pas sans intérêt de savoir qu'un géographe avait fait l'ascension de ce Djebel Reïs et en avait décrit la structure et les divers étages de végétation : E. Nowack, *Z. Ges. Erdkunde* 1928, 310-311. Ce qu'a dit Nowack de son apparence, avec l'explication géomorphologique, concorde avec ce qu'allèguent Bean et Mitford pour l'identification de Laertès, ἐπὶ λόφου μαστοειδοῦς : « Östlich Alaja beherrscht der isolierte Gebirgsstock des Djebel Reïs (arab., der höchste Berg) die Landschaft ; das Vorherrschen weicher Schiefer rings um seine Kalkmasse mag die Isolierung hervorgerufen haben... Der Djebel Reïs ist der einzige hohe Berg nahe der Küste ». L'indication du croquis p. 309, « c. 1790 m. » concorde à peu près avec celle des cartes turques 1 690 m., et non avec les estimations plus basses où inclineraient Bean et Mitford.

4. Voir ci-après 81.

d'eux leurs grandes avenues à colonnades[1]. En outre, les deux voyageurs sont allés un peu au delà sur la côte, à Anemourion et aux environs, — puis dans l'intérieur, au delà de Iotapè et de Sélinonte, à Sivasti, — au nord d'Alanya à la grande ruine d'Ayasofya, — et d'abord entre Alanya et Sidè, sur la côte, et, dans la montagne au-dessus de Sidè, sur la rive droite du Mélas. Ils ont publié là-dessus des observations topographiques et archéologiques et le texte d'une cinquantaine d'inscriptions, à savoir, sauf erreur, 38 inédites et 11 révisions.

1. *Questions topographiques et autres.*

La première ruine étudiée, pp. 4-6, est « Séleucie de Pamphylie », cité dont l'agora est fort bien conservée[2]. Elle avait été visitée et rapidement mentionnée par F. von Luschan, Heberdey et Wilhelm et H. Rott. On l'a identifiée à la Séleucie connue par le Stadiasme, 216-217 dans la région de Sidè[3]. Cela ne me paraît avoir que la valeur d'une suggestion[4] et je garde une inquiétude, et même plus que cela[5]. G. E. Bean et T. B. Mitford pensent avoir trouvé une confirmation de cette localisation. « Nous avons été assez heureux pour trouver confirmation de cette identification — à vrai dire par à peine plus qu'une seule lettre — dans une

1. Cf. J. Keil et Ad. Wilhelm, *Jahreshefte*, 18 (1915), *Beiblatt*, 11-13; — L.R., *Études épigr. phil.*, 138-139 ; *La déesse de Hiérapolis Castabala*, 44.

2. Bean-Mitford, p. 4 : « lying roughly NE of Side, some five miles west of the Melas (Manavgat Çayı) and one hour north of the village of Şıhlar » ; *ibid.*, Pl. I, deux photographies, l'Agora et un temple. Je donne ici, Pl. VI, ma photographie du rempart.

3. Tous les visiteurs du site depuis von Luschan, et aussi Kiepert et W. Ruge.

4. Heberdey et Wilhelm écrivaient, p. 134 : « Dass die Stätte Seleukeia zu nennen ist, geht aus der Angabe des Stadiasmus M. M. 216 hervor ».

5. En tout cas l'existence d'une Séleucie de Pamphylie est assurée par plusieurs témoignages. Cf. Bean-Mitford, 6, note 5 : « A. H. M. Jones, however [malgré cet accord] revives (*Cities*, 556) Müller's early conjecture that Seleucia may have been a temporary name of Sillyum » ; Jones écrivait en effet : « The Stadiasmus... records an otherwise unknown Seleucia in Pamphylia. This probably means that one of the Pamphylian cities (perhaps Sillyum, as suggested by Müller, *GGM*, I, pp. 488-9) at one time bore the name ». Il faut remarquer d'abord que Müller dit, dans le passage allégué, exactement le contraire de ce qu'on lui fait dire ; il retire l'opinion qu'il avait exprimée en commentant le Périple de Skylax. C'est à cette Séleucie que Ad. Wilhelm, *Neue Beiträge*, IV (1915), 56, a justement rapporté le ψήφισμα Σελευκέων pour un médecin de Pergè, conservé dans une inscription de Pergè avec un décret de Pergè (aussi Bean et Mitford, n. 8). Enfin les listes des Pères du Concile de Nicée mentionnent en Pamphylie un Quintianus à Séleucie. E. Schwartz l'a repoussé (*Abh. Bay. Ak., Phil. hist. Kl., NF*, 13 (1937), 67, n. 1) : « Ein pamphylisches Seleukeia gibt es nicht », s'appuyant sur Ramsay, *Asia Minor* (1892), 394 : « There is no Seleuceia of Pamphylia : Seleuceia of Pisidia and of Isauria both occur in their respective provinces ». E. Honigmann a dit justement, *Byzantion*, 12 (1937), 338 : « M. Schwartz a mal choisi Ramsay comme autorité ; la ville est attestée également par le Stadiasme de la Méditerranée ».

inscription mutilée qui gît parmi les débris en face du bâtiment du marché ». Ils ont lu sur ce bloc avec ‘ tabula ansata ’ :

Κης Μηνοδ[ώρου καὶ]
Δημήτριος [τοῦ δεῖνος]
κα[ὶ Ἀ]ρτεμίδ[ωρος ...]
λο̣[υ] Κλαυδ[ιοσελευ]-
κεῖς ἐπο[ίησαν]
τὸ ἔρ[γον].

Je ne conteste point la lecture et la restitution de l'ethnique aux lignes 4 et 5[1]. « Il n'y a rien pour nous surprendre dans le nom Claudioseleucia : ce fut en fait pour quelque temps la désignation officielle aussi de Seleucia Sidera en Pisidie ; nous avons Claudioderbe, Claudiconium et dans la Cilicie Trachée (?) Claudiopolis deux fois. Le nom Claudioseleucia fournit un terminus ‘ post quem ’ pour notre inscription, car il provient clairement de l'année 43, lorsque Claude, séparant la Pamphylie de son union mal accueillie avec la Galatie, forma la nouvelle province de Lycie-Pamphylie. Nous ne pouvons dire combien de temps persista ce nom ; car, lorsqu'on rencontre de nouveau la cité, c'est au Concile de Nicée, — sous le vieux nom Seleucia dont elle a joui probablement depuis le milieu de l'époque hellénistique[2]. Pourtant, nous soupçonnons comme date de notre inscription le milieu du Ier siècle ».

Tout cela me paraît reposer sur une base ruineuse. Puisque nous connaissons en Pisidie[3] une ville, assez importante, qui pendant toute l'époque impériale s'est appelée Claudioséleucie, comme en témoignent de nombreuses monnaies, et qu'elle n'a pas marqué dans son nom de précision pour se distinguer d'une ville assez voisine qui aurait pris le même nom au même moment, c'est à elle qu'il est normal de rattacher les trois personnages qui, à la ruine qui nous occupe, « ont fait le bâtiment », en qualité d'architectes je pense, — plutôt que d'inventer une seconde Claudioséleucie. Quand on trouve à Sagalassos un jeune pancratiaste qui

1. « -κεις of line 5 is plainly an ethnic and [Σελευ]κεῖς accordingly almost inevitable. Our restoration assumes the loss of some seven letters in lines 1-4 ; and unless this be greatly exceeded, Κλαυδ — can hardly be made a personal name. We find therefore no reasonable alternative to Κλαυδ[ιοσελευ]κεῖς ». Avec la note 6 : « That whe should read Κλαυδ[ίου] as a papponymic is, we suppose, not entirely excluded. But the omission of τοῦ, although common in Cilicia, is in Roman Pamphylia hardly to be found (*AS*, XII 1962, 204 with note 39) ; and few, we imagine, would favour this ».

2. Comme il est naturel d'attribuer à cette Séleucie le décret des Séleuciens pour un médecin de Pergè (ci-dessus, 60, note 5), il me semble qu'on doit penser d'abord à elle pour l'épitaphe de Telmessos, *TAM*, II, 95, nommant ces deux personnages, mari et femme je suppose (je daterais d'après le fac-similé du IIe siècle a. C.) : Πάτρα Τιμοκλέους Σιδῆτις, Σωτήριχος Ἁρπάλου Σελευκεύς.

3. Pour le site, au nord de la plaine d'Isparta, à Selef, voir *Hellenica*, X, 243-244.

est Σαγαλασσέα καὶ Κλαυδιοσελευκέα καὶ Τιμβριαδέα[1], on n'y cherche pas une autre ville que la Claudioséleucie de la plaine d'Isparta.

Il n'y a aucune apparence que Séleucie de Pamphylie se soit appelée un temps Claudioséleucie pour redevenir Séleucie. D'autre part, le Stadiasme donnant la seule indication précise sur la ville, il n'est pas naturel de la tourner ; or, c'est la tourner que de ne pas chercher Séleucie sur la côte même[2]. Je crois que Séleucie est à chercher sur la côte, à peu près à mi-chemin entre Sidè et l'Eurymédon[3], et que le site dénommé ' Séleucie ' est libre pour une autre identification, peut-être bien une des villes qui ont frappé monnaie et que l'on n'a pas localisées, — imaginons Lyrbè[4] ou Kasai, pour montrer seulement ce à quoi il n'est pas déraisonnable de penser, comme aussi à Senna. Dans ces conditions, une enquête tenace et renouvelée sur les monnaies que l'on trouve par là serait capitale, je le redirai plus loin.

Près de l'édifice du marché, le plan d'un autre édifice ne renseigne pas sur sa nature. « Le seul indice pour la destination originelle de cet édifice peut être donné par l'inscription énigmatique gravée sur la porte sud des grandes portes, en lettres élégantes qui conservent encore des restes de leur couleur rouge originelle. Elle a été relevée par des observateurs précédents[5] ; mais nous notons qu'une inscription semblable doit sûrement avoir existé

1. Lanckoronski, *Pisidien*, n. 194. Le vainqueur couronné ex-aequo est Σαγαλασσεὺς καὶ Περγαῖος.

2. Müller fait un juste raisonnement là-dessus. Si « Séleucie » représentait un crochet dans l'intérieur, on repartirait ' de Sidè ' pour la distance avec l'Eurymédon, et non ' de Séleucie '. Cette succession pour un guide maritime ne se comprend pas.

3. C'est par là que la cherchaient autrefois Kiepert ou Sperling (cf. ce dernier, *Z. Ges. Erdkunde* 1864, 57-58), mais un peu dans l'intérieur, à Güvercinlik ; sur la mer même, selon G. Hirschfeld, *Monatsber. Ak. Berlin* 1875, 125, n. 1.

4. On a toujours indiqué, d'après la numismatique, un rapport entre Lyrbè et Sidè ; cf. Hill, *BMC Cilicia*, p. XXXV, avec la note 1 (mais certaines de ces ressemblances s'étendent à d'autres villes). Pour la situation générale de la ville de ' Séleucie, ' il faut avoir recours à Wilhelm et Heberdey, 134 : « vom Gipfel, der von Ruinen frei ist, bietet sich herrliche Aussicht auf das nahe, mächtig aufsteigende Gebirge und die weite Ebene » (cf. H. Rott, *loc. cit.*, 66). Nous avons été frappés de la vue qui s'étend sur toute la plaine, avec la côte et avec Sidè. — On ne peut plus penser que « Lyrbè est à chercher dans la région entre les lacs Karalis et Trogitis » (Imhoof-Blumer, *Klein. Münzen*, 465, d'après Ramsay). Il y a bien un lien avec les monnaies de Karallia et de Kasai ; mais Karallia a été déplacée (voir ci-après). « Près de Sidè », dit Head, *HN*, 723. C'est possible, mais trop précis. Cf. ci-après, 100.

5. *Ibid.*, note 3 : « Lanckoronski, II, 235, n. 261. But it may be that we should disregard our objection to asymmetry : « this structure » (the inscription will then say) « is a Nektareion ». A parallel to such brevity may possibly be given by an unpublished text from Side ». Voilà qui n'éclaire pas le lecteur. Il faut noter que l'inscription était publiée comme étant à Hissardchik, c'est-à-dire au site d'Aywassyn (cf. ci-après), ce qui se révèle inexact.

sur la porte nord aussi, là où la pierre est maintenant brisée précisément à cet endroit. Nous lisons dans ces conditions » :

[Ὁ δεῖνα] τὸ ἔργον
[ἐποίησε] νεκτάρειον.

« Aucune explication de νεκτάρειον, que nous sachions, n'a jusqu'ici été présentée[1]. Il est improbable qu'il désigne un marché au vin ou une boutique de parfums, car la destination originelle de l'édifice, croyons-nous, n'était pas commerciale, et l'inscription, surmontant, comme elle fait, les grandes portes, concernait manifestement non une boutique individuelle, mais l'édifice entier. On ne pourrait non plus le rattacher au nom de personne tardif Nectarius, car l'écriture apparaît comme trop ancienne[2] ».

A vrai dire, on ne peut juger de l'écriture, les éditeurs n'ayant pas publié de photographie, ni donné autre chose que ce jugement général. Mais même si l'inscription était de la première partie de l'époque impériale, le nom d'homme Nektarios ne serait nullement à écarter pour l'interprétation. Or, c'est assurément un nom de personne que l'on attend ici : ' édifice de un tel ', c'est-à-dire construit à ses frais, ἔργον Νεκτάρειον[3], — et non point un adjectif formé sur le ' nectar '.

Une fois de plus, ces éditeurs ont été trop prompts dans leurs négations, pour l'onomastique aussi. Ils ont trop tendance à écrire : « je n'ai pas rencontré d'exemple ; donc, ce n'est pas possible », et cela après des lectures qui ne semblent guère étendues ni persévérantes[4]. Certes, le vieux dictionnaire de Pape-Benseler ne donne pour le nom Νεκτάριος que des attestations du Bas-Empire. Mais on en peut trouver de plus anciennes. On date du IIe siècle un fragment d'une liste d'éphèbes à Athènes, dont l'un s'appelle [N]εκτάριος Μουσω[νίου] (*IG*, II², 2175, l. 8). Dans la Pentapole de Phrygie, un texte daté exactement, par l'ère de Sylla, de 120-121 nomme Μᾶρκος Οὔλπιος Νεκτάρεος καὶ Μᾶρκος Οὔλπιος Σαβεῖνος[5]. Dans les textes latins, je relève à Tibur une *Claudia Nectarea*, dans un texte dont on dit qu'il n'est pas ou qu'il n'est guère antérieur au Ier siècle p. C.[1]. Cela suffit pour écarter l'objection des éditeurs.

D'autre part, si l'épigraphie — autant dire inexistante — de cette

1. Petersen, dans Lanckoronski, donne le texte en capitales, avec des ornements très développés au début et à la fin de chacune des deux lignes. « Auf einem Thürsturz ». Voir ci-après note 3.

2. Ensuite, dans la note 4, les éditeurs rappellent le Thersilion de Mégalopolis, nommé d'après son fondateur. Ils indiquent que, plutôt de penser à un ' Rathaus ' avec H. Rott, ils suggéreraient, sans certitude, un odéon ; les sièges pourraient avoir été en bois, disent-ils.

3. Je relève que Petersen, s'il n'a pas fait de commentaire, a inséré Νεκταρεῖος dans l'index des noms de personne, p. 240 : « Νεκταρεῖον (ἔργον), 261 ».

4. On en trouvera bien des cas dans le Bulletin Épigraphique, quand nous avons analysé les publications de l'un ou l'autre des auteurs.

5. Ramsay, *Phrygia*, II, p. 705, n. 645.

région ne fournit pas le nom Νεκτάριος, il est intéressant de constater que le nom est attesté, plus tard, dans la région même. Au Concile de Chalcédoine, en 431, un Νεκτάριος était évêque de Senna, ville qui se trouvait par là, puisque Hiéroclès la cite après Sidè et avant Lyrbè, et que la liste de Chalcédoine amène à la rattacher à la ville de Kasai[2].

On ne peut juger, d'après les explications et repentirs des éditeurs, s'ils tiennent ou non à la symétrie et à une inscription sur chacune des deux grandes portes. Si l'inscription conservée était seule, elle se suffit à elle-même : « ce bâtiment est l'œuvre de Nektarios ». S'il y avait une inscription précédant celle-ci sur l'autre porte, ce n'était certainement pas : Ὁ δεῖνα ἐποίησεν τὸ ἔργον νεκτάρειον, formule où d'ailleurs je ne comprends pas plus le dernier mot pour la syntaxe que pour le sens. Je parierais pour ce sens : [καὶ | τοῦτο] τὸ ἔργον Νεκτάρειον, « ce bâtiment lui aussi est l'œuvre de Nektarios ». Le monument fait partie d'une série de générosités. On lisait ainsi à Byblos, au nymphée, sur une clé de voûte, dans une couronne de laurier : καὶ τοῦτο Τατιανοῦ, nom du donateur[3], — à Sidè, près du théâtre, Ἁγνὲ Σεουρῖνε, καὶ τοῦτο σὸν κτίσμα, ou bien Προκόπιος καὶ τοῦτο...[4] ; — à Mégare, Ἔργον καὶ τοῦτο τοῦ μεγαλοπρεπεστάτου κόμητος Διογένους κτλ.[5] ; — dans la Syrie du Nord : καὶ τοῦτο τὸ ἔργον τ[οῦ θεοσεβε]στάτου Ἀβρααμίου πρεσβ(υτέρου) κτλ.[6] ; — en Palestine, καὶ τοῦτο κτῆσμα Μαρίνου διακό(νου)[7], ou bien, à Bersabée : καὶ τοῦτο τὸ νέον ἔργον γέγονεν ἐκ τῆς αὐτῆς φιλοτιμίας Στεφάνου τοῦ σοφοτάτου κ(αὶ) ἐνδοξ(οτάτου) ἀρχιάτρου τοῦ θείου παλατίου[8] ; — à Aphrodisias : καὶ τοῦτο τὸ ἔργον τῆς πύλης ἀναινεώθη ἐπὶ Φλ. Ἀμπελίου κτλ.[9] ; — à Salamine de Chypre : κὲ τοῦτο τὸ ἀγαθὸν ἔργον ἐπὶ Φιλοξένου κτλ.[10]. D'après plusieurs de ces textes nous avons interprété cette inscription sur une arche d'un meuble, dans une mosaïque de Nicopolis d'Épire : καὶ τοῦτο τὸ καλὸν Δομετίου[11]. Ces exemples sont tous du Bas-Empire. J'ai dit ci-dessus

1. Dessau, 1013.
2. Cf. E. Honigmann, *Le Synekdèmos d'Hiéroklès* (1939), p. 30, *ad* 682, 5 ; W. Ensslin, *PW* s. v. *Nektarios 7* (1935).
3. Voir *Bull. Épigr.* 1946-47, 206 ; 1948, 242 ; 1955, 241.
4. H. Grégoire, *Recueil Inscr. Gr. Chr. Asie Mineure*, n. 317 et 318 ; cf. *Hellenica*, IV, 52, note 3.
5. *IG*, VII, 26.
6. Clermont-Ganneau, *Recueil d'arch. or.*, VII, 227.
7. *Ibid.*, 226. Il s'agit (Clermont-Ganneau, *Arch. Res. in Palest.*, II (1896), 221), aux environs de Jérusalem, d'un linteau avec deux parties bien distinctes, séparées par une croix ; de chaque côté, une ' tabula ansata ', portant, l'une les trois premiers mots, la seconde les deux autres.
8. *Revue Biblique* 1909, 104 ; A. Alt, *Die gr. Inschr. Palaestina Tertia.*
9. Waddington, 594 ; H. Grégoire, *Inscr. gr. chr. Asie Mineure*, n. 270 ; *Hellenica*, IV, Pl. I et II ; *MAMA*, VIII, 427. Cf. *Hellenica*, IV, 130 ; XIII, 156.
10. *Bull. Épigr.* 1962, 335.
11. *Bull. Épigr.* 1958, 285.

que le nom Nektarios ne s'opposait nullement à une date haute, mais j'aurais voulu, pour la date, pouvoir juger de l'écriture, — bien que, à vrai dire, il n'y ait dans ce court texte aucune lettre pouvant caractériser une époque[1].

La seconde ruine étudiée c'est, p. 7, celle de Avasun (Aywassın). « Le 4 et le 5 juin 1962, nous visitâmes le champ de ruines à Hisarcık, au-dessus du village d'Avasun, qui est décrit brièvement dans Lanckoronski, II, 186 »[2]. Il faut préciser que ces renseignements étaient dus à des notes de Felix von Luschan, médecin et ethnographe[3], qui était accompagné de (Marian) Sokolowski, professeur à Cracovie[4]. Les récents voyageurs nous instruisent de ce site[5]. Il est dommage qu'ils aient omis de se reporter à une

1. Manquent *béta, zéta, éta, théta, lambda, mu, pi, sigma, upsilon, phi, chi, psi, oméga.*

2. On y lit ceci (je traduis ce paragraphe, p. 186) : « Parmi les ruines, qui se trouvent dans le voisinage du village Aywassyn à Hissardchik, l'attention des voyageurs fut attirée par un édifice rectangulaire en pierres de taille, bien conservé, dont les portes et fenêtres rappellent les édifices de Sillyon par les formes architecturales comme par les trous des tenons et des verrous dans les seuils. Le mieux conservé est un morceau du mur sud avec la double fenêtre, dont manquent les montants du milieu, représentée fig. 151. Au milieu de l'édifice se trouve une citerne travaillée dans le roc ; elle est couverte de plaques de pierre, qui posent sur des arcs avec plinthes. Von Luschan mentionne un petit temple situé dans le voisinage, puis une stèle avec l'inscription 260 et des sarcophages isolés. Une nécropole plus grande se trouve sur une hauteur voisine ».

3. Ce médecin de Vienne, ethnographe, participa à la seconde expédition autrichienne avec E. Petersen, *Reisen im südwestl. Kleinasien*, II. Il y a rédigé le chapitre sur le feu de la Chimère (VIII, pp. 138-142) et celui des ' Anthropologische Studien ' (XIII, pp. 198-226) avec étude des *tahtacı*. En 1883, il accompagnait Lanckoronski dans *Ein Ritt durch Kilikien* (brochure de Lanckoronski, ' als Manuskript bedruckt ', après publication dans le *Beilage der Münchner Allgem. Zeit. 1886*). Il devint directeur du Musée ethnographique de Berlin et il dirigea les fouilles de Zindjirli. On lui doit aussi des publications sur les antiquités du Bénin. Il récolta en Lycie et en Mésopotamie des plantes qui ont été publiées par O. Stapf, *Denkschr. Ak. Wien, Math. Kl.*, 1885 et 1886.

4. Sa qualité dans Lanckoronski, *Pamphylien*, p. II. Il alla avec Lanckoronski à Konya *(ibid.)* et c'est alors qu'il fit le dessin du relief hittite d'Eflatun Pinar que publia G. Perrot (cf. *Hellenica*, XIII, 280).

5. Je traduis. « Il apparaît que ce fut une petite cité, mais il ne se présenta aucun indice pour son identité. Le site principal est sur une colline basse au sud-ouest du village ; une ancienne route d'à peu près 1.5 m. de large conduit une grande partie du chemin en haut de son côté Est, flanqué de nombreuses tombes, pour la plupart des sarcophages. Il y a de nombreux édifices en ruine sur les pentes Est et Sud, mais très peu est encore debout (nous n'avons pas vu l'édifice reproduit dans Lanckoronski, fig. 151) ; aussi beaucoup de citernes, dont l'une est creusée dans le roc, avec des arcs transversaux de maçonnerie supportant des plaques de couverture. Une de ces plaques subsiste et mesure 1.6 sur 1.2 m. ». « Au-dessous de ce site et au Sud-Est, à un lieu appelé Gümrükhane Mevkii [l'Emplacement de la Douane], est un petit temple (Pl. II, 1) mesurant à peu près 9 m. sur 5.5, sans doute celui qui est mentionné sans description dans Lanckoronski. Orienté ONO-ESE, ses murs sont presque intacts jusqu'à une hauteur de 5 m. et ils sont entourés à une distance de 4 à 6 m. par un mur de ' temenos ', épais de 0.55 m., surmonté par un couronnement effilé encore en place par endroits. A l'angle SO entre le temple et le mur de ' temenos ' est une citerne d'environ 3 m. de diamètre, creusée dans le roc, mais complétée par de la maçonnerie ».

description du site — la première en date — plus détaillée et beaucoup plus intéressante, celle de Gustav Hirschfeld[1], qui remonte à 1875 ; elle évoque à la fois le pays, les ruines dans leur cadre géographique et topographique[2].

1. Sur ce grand voyageur, voir *La Carie,* II, 65.

2. *Monatsberichte Ak. Berlin,* 1875, 130-131 (je traduis). Après le ravin d'où le Mélas jaillit dans la plaine, en amont, « maintenant le chemin le plus facile conduit à la plaine cultivable d'Awassyn (environ 350 m.), située au nord-est derrière le Karadagh ; elle n'est pas très large, mais elle s'étend vers l'ouest à plus d'une heure et demie. Tandis que la localité actuelle est située sur un terrain tombant mollement à l'Est sur la plaine, le chef-lieu dans l'antiquité était à son extrémité Ouest. Une petite demi-heure auparavant se trouvent quelques tours antiques en pierre de taille, en ruines, avec le reste d'un mur (il y a aussi à côté une tombe), de nouveau un témoignage parlant, parmi tant d'autres, du caractère querelleur et belliqueux de ces peuples montagnards et de chacun de leurs établissements, comme il est aussi raconté par les Anciens plus épisodiquement, en traits isolés, jusque tard dans l'époque romaine. Devant les restes du pays les notices presque perdues prennent vie tout à coup et deviennent alors seulement compréhensibles et substantielles. A l'issue de la plaine s'avance vers le sud une montagne pierreuse en forme de langue de terre ; elle ne se rattache qu'au nord-ouest avec les monts par-derrière. Sur cet éperon se trouvent les ruines d'une petite ville antique (environ 550 m.), qui porte aujourd'hui le nom de Awassynhissar. La colline est, dans sa longueur, séparée en deux parties naturelles par un sillon, qui en montant devient toujours plus plat. La partie droite est couverte, presque depuis le bas de tombes rupestres et de grands sarcophages ordinaires de pierre grise ; mais on ne remarquait sur aucun la trace d'une inscription. Ils sont répandus en toutes directions, les uns sur les autres, et ils se continuent même au delà de l'entrée de la ville, qui est formée à peu près à mi-hauteur de deux tours en pierres de taille partiellement conservées. A la même hauteur se trouve sur le côté gauche, sur une petite éminence, également un sarcophage, auquel conduit une série de marches ; à côté gisent quelques colonnes brisées. Le côté droit de la ville était occupé par des maisons privées, dont les traces se reconnaissent en de nombreuses entailles carrées dans le rocher et par des creux qui, d'après leur place, étaient destinés à placer les têtes des poutres du plafond. Ces installations sûrement modestes — on s'occupait avant tout, ici partout, des morts —, sont dominées, plus haut, par un édifice carré en pierres de taille, qui, sur le long côté Ouest — 40 pas de long — a une porte et deux fenêtres, et au sud, face à la ville, une grande fenêtre décorée de dents ; à l'intérieur est une fente dans le rocher, carrée, grande et profonde, dont la couverture était portée par trois arcs encore conservés. Cet édifice peut avoir été le ' Rathaus ' ; près de là est une petite construction en forme de temple, à comparer à celles de Termessos ; là aussi il y a encore un sarcophage. Sur le côté Ouest en face, en dehors de quelques arcs et de nombreux restes de murs est conservée une assise de l'enceinte antique en pierre de taille, qui par endroits est réparée avec de petites pierres ; de façon semblable une telle réparation de l'édifice principal mentionné plus haut montre une utilisation postérieure. — Sur la hauteur qui s'avance en face de la ville, fermant la plaine, se trouve à l'intérieur d'un petit mur d'enceinte, dont l'assise supérieure est taillée en fronton, un petit temple in antis ; il est orienté $E^{55}S$, et il est grand de 29×19 pieds. Il n'y avait pas de colonnes. A l'entrée du mur de temenos, pour le nommer ainsi, un siège, à gauche, a été façonné. — Toutes les constructions du lieu sont en une pierre grise, en sorte qu'il est parfois difficile de les distinguer du rocher naturel. Il ne se trouve pas d'inscriptions, en sorte que le nom antique de la petite ville ne peut être déterminé pour le moment. On a un grand nombre de noms de villes encore non identifiées dans le Synecdème de Hiéroclès, qui comprend parmi les localités pamphyliennes aussi celles de ce versant antérieur, sud, du Taurus. — Les dépressions du Karadagh au delà, à l'ouest de la ville antique, donnent leurs eaux à l'Aksu ; la réunion de ces eaux, venant des deux fleuves mentionnés ci-dessus, a lieu à environ 2 heures et demie d'ici. Au-dessus de ce point se trouvent sur le flanc du Taurus les ruines de deux villes antiques, qui doivent également rester encore anonymes ».

G. E. Bean et T. B. Mitford y ont trouvé une courte inscription mentionnant une καύστρα. Le dictionnaire de Liddell-Scott-Jones mentionne comme inscription « *CIG*, 2942 (Tralles) ». Les éditeurs ont tenu à joindre cette note, n. 10 : « We note incidentally that *CIG* 2942 and 3290 are evidently the same inscription, presumably transported from Aydin to Izmir »[1]. Cela a l'air d'introduire une remarque originale et une découverte personnelle. Mais l'identité était déjà reconnue par ceux qui avaient réuni des exemples épigraphiques de καύστρα, à savoir moi-même en 1939[2], et déjà J. Keil et A. von Premerstein que j'invoquais pour le groupement de ces textes[3]. Or, c'est apparemment à l'un ou l'autre de ces passages qu'ont puisé nos auteurs, mais ils ont dû l'oublier. Il n'est pas exclu que la pierre ait voyagé de Tralles à Smyrne, entre 1719 et 1739[4], mais il est possible qu'il n'y ait dans le second cas qu'une erreur sur le lieu de la copie.

Nous passons ensuite à la région d'Alanya. La ruine de Sinekkalesi a fourni encore une base honorifique[5]. Le voyage précédent avait donné 6 inscriptions, s'ajoutant à celles que copièrent Heberdey et Wilhelm, et déjà Beaufort-Cockerell. Après Heberdey et Wilhelm[6], ils admettent qu'il doit s'agir d'Hamaxia, faiblement attestée[7]. La mention du Conseil et du Peuple dans le n° 5, témoignant du statut de ville, ne vaudrait que pour l'époque à laquelle elle remonte, après 212[8]. Il me semble que l'identification prête au doute[9].

1. Le texte, très particulier, est celui-ci : Ἡ καύστρα Γαίου Ἰουλίου Ἀφροδεισίου προξενητοῦ. Pour le métier, cf. *Rev. Phil.* 1939, 212, n. 5 ; aussi *Annuaire École Hautes Études, IVe section*, 1964-65, p. 180.

2. *Rev. Phil.* 1939, 212, en corrigeant une épitaphe de Faustinopolis : « à Tralles » ; note 4 : « *CIG*, 2942 (et 3290, parmi les inscriptions de Smyrne) ».

3. *Dritte Reise in Lydien*, p. 80 : « *CIG*, 2942-3290 aus Teos », où ' Teos ' est un lapsus calami ou une faute d'impression pour ' Tralles '. Pour le sens, voir les mêmes auteurs.

4. Date du séjour de Hermann van der Horst, chapelain néerlandais à Smyrne, qui copia la pierre à Tralles, et date du voyage de Pococke, qui classe l'inscription à Smyrne. Pour le premier personnage, cf. *Annuaire Hautes Études, loc. cit.*, 179 et 181.

5. N° 3 ; voir ci-après 81-83.

6. *Loc. cit.*, p. 140.

7. Discussion pp. 187-188. « We here found no clear evidence to confirm or disprove identification of Sinekkalesi with Hamaxia. Of the twenty-one inscriptions of the site no one gives either this or indeed any geographical designation. No coinage of Hamaxia exists. The two literary references upon which we totally depend are both in some measure corrupt and, furthermore, mutually conflicting » : le Stadiasme et Strabon.

8. Cf. 187-188 : « Strabo and the Stadiasmus testify that Hamaxia at the outset of the Empire did not have civic status. The inscriptions not merely corroborate this, but they suggest that such was long its condition [aucune ne donne non plus

(Note 9 page suivante).

Une découverte importante pour la géographie historique de la région avait été celle du site urbain à Ayasofya, à une vingtaine de km à vol d'oiseau au nord d'Alanya[1]. T. B. Mitford y a passé deux jours et il publie avec G. E. Bean 21 inscriptions, dont une révision[2]. Aucune ne donne le nom de la ville, bien que 2 inscriptions mentionnent le *démos* et 11 le Conseil et le Démos, depuis le Ier siècle de notre ère jusqu'à Dioclétien. « Il a été suggéré par L. Robert, *REG* 1959, 260, qu'Ayasofya est à identifier à Karallia. Il y a cependant dans cette région en général d'autres candidats également qualifiés, tels que Lyrbe, Colybrassus, Casae, et nous suspendons notre jugement en attendant notre examen de la région entre Akseki et Gündoğmuş et Köprülü » (p. 10).

Il nous avait paru nécessaire de mettre au jour notre hypothèse sur Karallia ; car il paraît assuré qu'on n'aurait pas pensé à elle comme ' candidat ' pour la ville d'Ayasofya ; on la place en effet presque toujours fort loin de là, près du lac de Beyşehir[3]. C'est une satisfaction de voir qu'on veut bien la laisser entrer en lice[4]. Je ne soutiendrai certes pas que la ville devait être à Ayasofya[5]. Mais, dans l'état actuel de la question, je ne crois pas que les villes

κώμη ou un mot de ce genre ; ce sont en réalités des inscriptions privées ou des listes de prêtres]. Only in our n° 5, an inscription to be dated after the *Constitutio Antoniniana*, do we find Hamaxia at last a city. But by then his story was nearly over : Hamaxia has no early Christian or Byzantine history. Nor could we find on the site any trace of a church » ; p. 190. — Ce que l'on pourrait songer à faire valoir pour une récente élévation de la localité au rang de cité, c'est l'expression τὸν ἴδιον βουλευτήν (cf. ci-après le texte, p. 90). L'oppose-t-on au fait qu'il y avait jusque-là des ' bouleutes ' en résidence, mais qui étaient des ' bouleutes ' de la ville de Korakésion ?

9. Cf. *Bull. Épigr.* 1965, 422.

1. Publication de photographies et d'une courte description du site par l'architecte Aziz Albek dans *Belleten Türk Tarih Kurumu*, 22 (1958), 347-352 ; analyse et commentaires *Bull. Épigr.* 1959, 455.

2. Pp. 9-21, n. 5-25. La révision est celle du n° 20. Pour le n° 17, une note incompréhensible, 27, p. 16 : « One of the three inscriptions noticed by Aziz Albek... Pl. XV. This photograph shows the stone still partially buried and is accordinglly of little value. L. Robert indeed offers no text ». Comment J. et L. Robert auraient-ils pu « offrir un texte » d'une inscription qui n'était pas publiée et qui était présentée dans ces conditions ? D'autre part, notre *Bulletin Épigraphique* peut reproduire — et pas seulement analyser — un certain nombre des inscriptions publiées ; nous avons pu même, à l'occasion et rarement, y donner notre déchiffrement d'une inscription publiée seulement en photographie (ainsi *Bull.* 1948, 172). Mais nous n'avons jamais eu aucune prétention à ' offrir ' une compilation recopiant tous les textes publiés l'année précédente ; nous nous consacrons à d'autres activités. La phrase de T. B. Mitford est une étrangeté comparable, par exemple, à celle que nous avons relevée *Bull.* 1963, 300, p. 188. Observations ci-après sur les n°s 5, 6, 7, 14. Je parle ailleurs du nom Λουλους dans le n° 12.

3. Ainsi encore Head, *Hist. Num.*², 708.

4. Nos observations numismatiques sur des provenances dans *Hellenica*, XIII, 78, n. 3.

5. Cf. *ibid.*, 78, la formulation : « Les liens qu'établit le monnayage avec Kasai, Syedra, Kolybrassos, Laertès, Lyrbè nous ont amenés à chercher la ville dans la région de Gündoğmuş et peut-être précisément à la ruine récemment découverte de Ayasofya ».

citées par les deux voyageurs soient ' également ' qualifiées. Si la localisation de Kolybrassos à la ruine de Tosuntaşı Kalesi, près de Sarot Yayla, ne peut être considérée comme assurée, il faudrait tout de même informer le lecteur qu'elle a été proposée par K. Patsch, parce que l'expédition tchèque dont il faisait partie a trouvé en 1902 dans cet endroit écarté des bronzes de Kolybrassos[1]. D'autre part, nous avions indiqué expressément — en vain, je le vois, — que « les villes non localisées de Kasai, de Lyrbè et de Sennai étaient, à notre avis, plus à l'ouest, entre Sidè, Sırt (site non identifié, et qui peut être l'une de ces villes, spécialement l'une des deux dernières), Erymna (Ormena) et les montagnes au S.-O. et au Sud du Soğlagölü ; l'une est sans doute à placer dans la région d'Akseki ». Nous nous appuyons sur l'ordre d'Hiéroclès et sur les rapports entre les monnayages des villes depuis Sidè jusqu'à Iotapè[2]. Parmi ces rapports, plusieurs lient entre elles les villes de Lyrbè, Kasai, Senna et Étenna[3] ; Étenna est jusqu'ici seule identifiée[4]. L'avenir tranchera. L'identification de Kasai sera un point très important.

D'une inscription funéraire il ne subsiste que les restes de 2 lignes, nº 5 : [— κ]αὶ 'Αλέξανδρος Οὀριμου Λ̣ — [ἑαυτ]οῖς καὶ τοῖς ἐξ ἑαυτῶ[ν —]. Les éditeurs commentent : « We suspect an ethnic — possibly of Lyrbe ; but *that* would not identify our city, for the very use of the ethnic implies — but does not postulate (G. E. Bean, *JHS* 1954, 95 f. and n. 6) — that these men were aliens ». C'est une fausse règle qu'établissent ici les éditeurs. En réalité, l'ethnique ne s'emploie pas dans la ville à l'époque classique et à l'époque hellénistique ; il y est courant à l'époque impériale et il a pu servir à identifier des villes en Lycie et ailleurs[5]. Ici, la lettre mutilée,

1. *Vorläufiger Bericht* (Prague, 1903), 43 : « Es sei auch bemerkt, dass hier ausser den Reichsmünzen auch Bronzen der noch nicht lokalisierten Stadt Kolybrassos gefunden werden ». L'intérêt en est rappelé, sans que ce soit considéré comme « ein voller Beweis » dans R. Kiepert, *Formae Orbis Antiqui*, p. 10 b du commentaire à la carte VII ; W. Ruge, *PW* s. v. *Kolybrassos;* J. Keil et H. Swoboda, *Denkmäler aus Lykaonien,* 54. Ignoré dans la *Classical map of Asia Minor* (1957). — Le bassin d'huile de la gymnasiarchie établit un lien avec Syedra ; voir ci-après 83.

2. Il y a toute une série de correspondances entre diverses villes.

3. Cf. déjà des indications dans *Noms Indigènes,* 424 et 428, à propos de la restitution de l'ethnique Κασά[της] pour des personnages avec noms indigènes de cette région dans une inscription d'Alexandrie.

4. On dispose déjà dans cette région des sites anonymes de Sırt, Avasun et ' Séleucie ' ; cf. ci-dessus 62, 65. La mauvaise localisation de Karallia au lac de Beyşehir entraînait celle de Kasai. Ainsi Imhoof-Blumer, *Kleinas. Münzen,* II, 451 et 465, cherchait Lyrbè et Kasai entre les lacs Karalis (Beyşehir) et Trogitis (Soğlagöl), car il y a une contremarque commune dans ces deux villes et à Karallia. Head, *Hist. Num.*², 718, place Casae « near Carallia » et Carallia, sans point d'interrogation, à « Ueskeles Keui near Beysheher ».

5. Cf. *Rev. Phil.* 1957, 14 ; *Bull. Épigr.* 1959, 434 ; 1965, 253 ; etc. Voir ci-après, 87, 'Αντιοχεύς à Antioche.

au bord de la cassure, a chance d'avoir appartenu à un anthroponyme, nom du grand-père d'Alexandros.

D'après la base n° 14 une statue de culte d'Héraclès a été dédiée par son prêtre : τὸ ἄγαλμα τοῦ Ἡρακλέους Ὄβριμος δὶς νέος ὁ καὶ ..., πρόβουλος, ἀρχ[ιε]ρεὺς τῶν Σεβαστ[ῶν] τὸ δε[ύτε]ρον, φιλόπατρις, εἰρήναρχος, ἱε[ρεὺς] Ἡρ̣α̣κ̣λ̣έου[ς - - -] ἀνέθηκεν τῇ πατρίδι. En cherchant dans les monnaies des villes qui pourraient ici entrer en ligne de compte, je ne trouve le culte d'Héraclès qu'à Lyrbè[1] et à Kasai[2]. Mais je ne crois pas que l'on puisse arriver par là à une solution.

Si les inscriptions s'obstinent à ne pas donner un nom de ville, mais toujours ἡ βουλὴ καὶ ὁ δῆμος[3], le progrès ne pourra venir que de l'observation des trouvailles de monnaies[4] poursuivie avec une patience acharnée. Cela compte beaucoup pour ces petites villes au monnayage rare. On a lu plus haut l'argument apporté pour le site de Kolybrassos. Il n'y a dans les ' Journeys in Rough Cilicia ' aucune observation de cet ordre, même quand on discute de l'identification d'une ville. Je ne trouve dans ce volume qu'une indication, une seule, alléguée bizarrement et qui concerne une monnaie de Parlaïs[5]. Il serait capital de voir fût-ce seulement

1. *Clara Rhodos*, I, 33.

2. *BMC Cilicia*, p. 50, n. 5 et Pl. VIII 12 ; *Inv. Waddington*, 4199 ; 4203. Héraclès et le lion de Némée, Imhoof-Blumer, *Kleinas. Münzen*, p. 451, n. 1 (sous Maximin ; coll. Löbbecke, à Berlin).

3. P. 14, n° 13, pour ἡ βουλὴ καὶ ὁ δῆμος ἐτείμησεν ... εὐνοίας τῆς εἰς ἑαυτόν, les éditeurs commentent : « It is to be noted that βουλή and δῆμος, regarded here (als elsewhere in Cilicia) as a unit and therefore accorded a singular verb, are collectively masculine (ἑαυτόν) : it was the δῆμος which was dominant in this people's thinking ». La formule est très fréquente partout ailleurs et n'a pas à être relevée pour la Cilicie.

4. Je l'ai rappelé tout récemment pour ce cas précis, *Hellenica*, XIII, 78, n. 3.

5. P. 7, à Karaburun, c'est-à-dire à mi-chemin entre Sidè et Korakésion, à une source près du rivage, « we were there shown a coin of Colonia Parlais ». Le fait n'a d'intérêt, et même de sens, que s'il est mis dans un ensemble. Isolé, il ne peut qu'égarer. Comme seule indication pour toute cette région, comme c'est le cas, il suggérerait une idée singulière et paradoxale, et certainement fausse, de la circulation monétaire dans cette région. Non moins s'il reste la seule indication pour Parlaïs. Déjà, le lecteur qui recourra aux ouvrages courants pour savoir où était Parlaïs sera égaré ; car il croira que la ville était sur la rive sud du lac de Beyşehir, alors qu'elle était sur la rive ouest du lac d'Eğirdir ; pour la vraie situation et les preuves, voir en dernier lieu *Villes d'Asie Mineure*², 284, n. 1. Il faut d'autre part chercher si et où l'on a signalé des monnaies de Parlais. On en avait trouvé deux à Antioche de Pisidie, c'est-à-dire au delà du lac, en face de la ville (*Études épigr. philol.*, 275). Nous en avons vu 2 sur place même, à Barla (*Ankara Univ. Dil. Fak. Derg.*, 6 (1948), 538 ; *Villes, loc. cit.*). Une autre fut acquise par A. M. Woodward à Antalya, place de commerce, où elle est venue du Nord (*Ann. Br. Sch. Ath.*, 16 (1909-10), 135 avec Pl. VIII). Au musée de Stamboul, le catalogue manuscrit de E. Bosch indique ces provenances pour les 3 exemplaires : Antioche de Pisidie (des fouilles ; cela doit faire partie de la première indication donnée plus haut), — province d'Adalia (cela est très vague, et surtout avec l'extension du vilayet à époque ancienne), — Césarée (c'était un très gros centre du commerce des antiquités, d'où les antiquités venaient de loin, spécialement chez

quelques monnaies chez les villageois ou les bergers[1]. A défaut de cela, même de petites collections locales peuvent être très utiles, qu'il s'agisse d'amateurs, d'écoles secondaires ou, mieux encore, primaires, de changeurs, etc. Dans les conditions actuelles d'incertitude sur la localisation de plusieurs villes ayant frappé monnaie, toutes les observations locales sont intéressantes[2].

Si la géographie historique de cette région est grevée des incertitudes énoncées ci-dessus, d'autres questions sont en fait réglées bien que Bean et Mitford les croient encore ouvertes. P. 31, fournissant la révision d'une longue inscription funéraire, ils donnent pour le site le nom du village moderne Adanda et ils écrivent à ce sujet (je traduis) :

« En 1961 nous avons noté (*AS*, XII 1962, 207)[3] la conviction de Paribeni et Romanelli que le site urbain trouvé par eux au-dessus du village

les Arméniens ; d'autre part, d'après les dossiers du Centre d'études d'Asie Mineure de Mme Melpo Merlier à Athènes, la population grecque de la moderne Parla avait des relations démographiques avec Césarée de Cappadoce). — Il faut d'autre part savoir qui possède la monnaie qu'on voit ou qu'on achète : paysan ou berger qui l'a trouvée lui-même, enfant, collecteur d'antiquités dans les villages, homme en villégiature, lutteur allant de ville en ville, chamelier venant du Plateau Central, ouvrier agricole rapportant des monnaies de Milâs à Tabai, relations de commerce, etc. (cf. par exemple *Villes d'Asie Mineure,* 119, n. 1 ; 229 ; 240, n. 8 ; 411 ; *La Carie,* II, 361 ; 371 et surtout 148-149).

1. On a vu plus haut l'observation sur des bronzes de Kolybrassos à Sarot Yayla. Cf., pour l'intérêt de ce genre d'observations, encore *La déesse de Hiérapolis Castabala,* 87.

2. Dans *Hellenica,* XIII, 78, note 3, j'ai indiqué 5 observations, dont 4 nouvelles, pour la provenance des monnaies de Karallia. L'examen des monnaies conservées en 1960 à la Direction de l'Instruction publique d'Alanya était intéressant (cf. *Annuaire Collège de France, 61e année* (1961), 314). Il s'agit de bronze, sauf pour Selgè et sauf un tétradrachme d'Alexandre. 3 Ptolémées. 20 bronzes de Sidè, dont 2 avec la tête d'Athéna et la grenade (*BMC Pamphylia,* 150, n. 59-61, Pl. XXVIII 4), 7 avec Athéna à gauche (*BMC,* 151, n. 62, Pl. XXVIII 5), 3 avec la tête d'Athéna et la Victoire (*BMC,* 151, n. 63-68, Pl. XXVIII 6), 1 de grand module avec Πύθια et la couronne sur un trépied. 2 Aspendos avec la double Aphrodite (cf. *Hellenica,* XI-XII, chap. XII et Pl. 35-36). 2 Pergè, très abîmées. 5 petites monnaies d'argent de Selgè avec la tête de Gorgone et la tête d'Athéna (*BMC,* 259-260, n. 23-32, Pl. XL, 1-3 ; Waddington, 3926-3931). 1 bronze de Selgè avec la tête d'Héraclès et une protome de cerf (*BMC,* 261, n. 38-42, Pl. XL, 7). 1 Étenna avec femme marchant à droite et faucille (*BMC,* 220, n. 4-5, Pl. XXXV 14). Des petites villes des environs : 2 de Laërte, à savoir : Hadrien et Tychè (*BMC Cilicia,* 91, n. 4 ; Waddington, 4338 ; j'ai acquis un exemplaire à Smyrne en 1932) ; Valérien et Arès (cf. ci-après, 100, note 3) ; — 1 beau Kolybrassos : Valérien et Hermès à gauche (*BMC,* 63, n. 12, Pl. XI 6, pour le revers ; Waddington, 4220) ; — 1 Karallia : Caracalla et Séléné, croissant aux épaules, tenant des deux mains une torche (*BMC,* 47, n. 2, Pl. VIII 5). De Séleucie du Calycadnos : bustes affrontés de Gordien III et Tranquilline ; au revers, bustes affrontés d'Apollon lauré (derrière lui, branche de laurier) et de Tychè (*BMC,* 139, n. 47, Pl. XXIV 6).

3. Les deux voyageurs écrivaient là : « A ruined city lies on the summit of a steep hill, one hour above the village of Adanda (10 milles to the ESE of Gazipaşa) and at an altitude of over 2.000 feet. Discovered in 1913 by Paribeni and Romanelli, its name is not given by any inscription ; but it was thought by the discoverers — and in this they have powerful support [allusion énigmatique pour le lecteur dans la revue anglaise ; dans la publication autrichienne des noms ont apparu] — that the long-

d'Adanda était en fait le Lamus longtemps cherché. Dans cette conviction ils ont reçu le soutien puissant, parmi d'autres, d'Ad. Wilhelm et L. Robert[1]. Nous suspendîmes alors notre jugement, en attendant un examen plus approfondi du pays à l'est. Nous rapportons maintenant que nous n'avons pas trouvé jusqu'ici de site rival, — et l'équivalence Adanda-Lamos est renforcée de façon correspondante ».

C'est méconnaître les éléments du problème. Il ne s'agit pas d'une question d'autorité, ni de vagues combinaisons, ni d'une identification par élimination[2]. L'argument qui avait été produit est décisif : le fondateur d'un concours d'après une inscription à Adanda est connu à Antioche du Kragos comme « bouleute de notre ville et de celle de Lamos ». D'où l'adhésion d'Ad. Wilhelm[3] et la mienne que j'ai exprimée à plusieurs reprises en ces dernières années[4].

Quant à Kestros, p. 31, l'identification en est définitivement acquise depuis 1915 par une lecture d'Ad. Wilhelm[5].

Le dernier site étudié, le plus à l'est, est celui de Kalın Ören, à 8 km. au nord d'Anemourion (pp. 43-44). Les voyageurs y ont trouvé l'épitaphe d'un médecin et de sa femme[6] due à une Kopraïs[7] ; ils

sought Lamos had at last been found. We suspend judgment until we have made a more thorough exploration of the country to the east ». P. 215, n. 48, ils étaient plus que réservés : « the city of Lamos, which is still to be identified, must have lain in the mountainous country above Kaledıran [Charadrous], and therefore close to Mt. Androclus ».

1. L'absence de tout renvoi empêche le lecteur de se reporter à l'avis des savants susdits.

2. C'est dans ce dernier cas que l'absence d'autres ruines apporterait quelque argument.

3. *Neue Beiträge*, IV (1915), 64.

4. Ainsi *Rev. Phil.* 1958, 34, n. 5 ; *Hellenica*, XI-XII (1960), 13, n. 3 ; maintenant *Noms Indigènes* (1964), 108 et 110-111 (à l'occasion de l'insertion par J. Sundwall du nom moderne Adanda parmi les toponymes anatoliens antiques) ; le tout rappelé *Bull. Épigr.* 1965, 427, en analysant la première publication de Bean et Mitford, et avec l'observation que cette localisation ne fait pas de difficulté pour un ἐπίνειον Λαμωτῶν situé à Charadros (cf. Bean et Mitford, 42, note 65 : l'inscription *IGR*, III, 838, de Charadros « does not restrict our search for the site of Lamus to the Kaledıran valley »). Lamos à Adanda aussi dans E. Honigmann, *Le Synekdèmos d'Hiéroklès* (1939), 709, 2 (cf. *Rev. Phil.* 1958, 34, n. 5) ; déjà dans sa carte *Byzantion*, 10 (1935), Pl. XXXVII. Aussi H. Kasten, *Bursian's Jahresberichte*, 261 (1938), 121. Ces deux derniers auteurs sont ignorés dans toutes les publications de Bean et Mitford et ne peuvent être les ' others ' énigmatiques.

5. *Neue Beiträge*, IV, 62-64. Nous lisons sous la plume de Bean et Mitford, p. 33, n. 60 : « Now if we have correctly identified the small city to the NW of Macar as Cestrus (*AS*, XII 1962, 211), Assar tepe becomes a possible claimant to Juliosebaste ». Les deux auteurs n'ont fait que reprendre la lecture et l'identification de Wilhelm, suivies par W. Ruge (1920), H. Kasten, E. Honigmann, moi-même ; voir la bibliographie *Bull. Épigr.* 1965, 428.

6. Vers 1 : Οὔβριμον ἰητῆρα καὶ Αμμειν τὴν σώτειραν. « From σώτειραν it would seem that Ammeis [ce peut être aussi bien le neutre Αμμειν = Αμμιν = Αμμιον], the wife no doubt of Obrimos, was associated with him in the art of healing, possibly in the capacity of nurse ». Sur les femmes médecins et sage-femmes, cf. *Les stèles funéraires de Byzance*, pp. 175-178 ; *Bull. Épigr.* 1965, 150.

7. « For the group of names derived from κοπρός, cf. Bechtel, *Hist. Pers.* 611 and Pape-Benseler *s. v.* For women they are rare, but cf. Κοπρία in *CIG*, 5712 ». Il faut

ont retrouvé une des deux inscriptions copiées par Wilhelm et Heberdey[1] et ils reprennent le texte de la seconde[2]. Ils ajoutent comme phrase ultime ces mots un peu énigmatiques : « Whether any useful service can be rendered by attempting to equate Kalın Ören with Musbanda (or Musbada), we leave for a future enquiry ».

Le lecteur peut être surpris. Ad. Wilhelm n'avait émis aucune hypothèse sur l'identification[3]. Les cartes de géographie historique des Kiepert ne suggèrent rien pour Mousbanda dans cette région. Mais l'on s'aperçoit que la carte d'Anderson, republiée en 1957 après révision de W. M. Calder (notamment pour cette région) et de G. E. Bean[4], indique précisément Musbanda à cet endroit, sans signe de doute et sans explication dans les notices. Cela doit adapter d'une certaine façon l'opinion de W. M. Ramsay en 1890 qui plaçait Mousbanda sur la côte à l'est d'Anemourion, en unissant Mousbanda (Ptolémée, évêché), Bousmadis (Étienne de Byzance), Musanda ou Myanda dans Pline et peut-être Mandanè dans le Stadiasme[5]. W. Ruge avait repoussé cette série d'assimilations et cherché Mousbanda dans l'intérieur au sud de Laranda[6]. Selon D. Magie, Mousbanda, nommée par Ptolémée, V, 6, 16 dans la

ajouter que le savant renvoi à *CIG*, 5712 est simplement emprunté tel quel au répertoire centenaire de Pape-Benseler, et que les auteurs n'ont pas eu la curiosité de rajeunir la référence à cette épitaphe de Catane en Sicile et de la retrouver dans *IG*, XIV, 497. D'autre part, il y a une abondante bibliographie sur les noms en Κοπρ-, leurs sens et leur diffusion, avec des travaux de P. Perdrizet (notamment l'article *Rev. Ét. Anc.* 1921, 85-94, intitulé *Copria*), F. Maroi, mes études *Coll. Froehner*, 135 ; *Hellenica*, I, 73-74 ; etc. ; maintenant *Noms Indigènes*, 53-55 ; on y verra les noms féminins Κοπρίλλα, Κοπρυλλώ, Κοπροῦς, Κοπριάς et une bonne série de Κοπρία. Κοπρίων à Korykos, *MAMA*, III, 539-540. Je ne suis pas la discussion de I. Kajanto contre P. Perdrizet, *Arctos*, NS, 3 (1962), *On the problem of names of humility in Early Christian Epigraphy*, 48-50 et 51-52.

1. « HW n° 264 (*IGR*, III, 839) was collated by us and the published text confirmed ».

2. « The other we could not find (n° 265). On the basis of Wilhelm's majuscule version we would suggest the following ». Combien prendront en mains la publication de Wilhelm ? La comparaison avec la transcription de Wilhelm montre que les nouveaux éditeurs ont seulement pointé des lettres qui étaient mises entre crochets, — l. 4, ajouté [τὴν] devant ἀρχιιερασαμένην (la copie de Wilhelm montre qu'il faut deux *iota*, comme il a transcrit), ce qui est suspect, — écrit, l. 6-7, καὶ σεμνό[τητι κοσμουμ]ένην, au lieu de : [ἀρετῇ] καὶ σεμνό[τητι κεκοσμη?μ]ένην, — supprimé le point d'interrogation après [τὸν δὲ ἀ]νδρι[άντα], — écrit, l. 8-9, [ἀνέστησε Μ]ενε[κράτης *vel sim.*] au lieu de [ἀνέστησε]ν Ε —.

3. *Loc. cit.*, pp. 157-158. Cf. Bean et Mitford, 43 : « ... Heberdey and Wilhelm found two honorific inscriptions of a Council and People. Their city can hardly be Anemurion, five miles distant, for this distance is such that anonymity would be ambiguous [pour nous, pas pour les habitants]. We prefer to regard Kalın Ören as the site of a κατοικία which like Hamaxia had by Severan times achieved independent civic status ».

4. *A classical map of Asia Minor* (*Suppl. Anat. Studies*, VII). Cf. *Villes d'Asie Mineure*² (1962), 434-435.

5. *Hist. Geogr. Asia Minor*, 369, et la carte *ad* p. 330. Pour Mandanè, cf. *Noms Indigènes*, 217, n. 7.

6. *PW* s. v. *Musbanda* (1933).

στρατηγία Ἀντιοχιανή de Cappadoce, était « otherwise unknown[1] ». Il n'a pas connu, non plus que A. H. M. Jones[2] ni que W. M. Calder ni que nos voyageurs, une étude décisive d'Ernst Honigmann parue en 1935[3]. Ayant analysé les textes et formant un groupe des seuls textes de Ptolémée (Mousbanda), d'Étienne de Byzance (Bousmadis, ville d'Isaurie) et des documents ecclésiastiques, listes d'évêchés et mentions de deux évêques dans les conciles au VIIIe et au IXe siècle, qui rangent l'évêché parmi ceux de l'Isaurie (métropole : Séleucie du Calycadnos), ce savant a trouvé sur la carte turque au 1:800.000, dans la haute vallée du Göksu (Calycadnos), « à 50 km. au nord de Charadros et à 103 km. à l'ouest de Séleucie », une localité appelée Muzvadı[4]. Il n'a pas hésité à y retrouver Mousbada[5]. J'ai osé dire[6] que « ce me paraît être une découverte définitive, sans même qu'aucun archéologue soit allé sur place ». Je ne sais si l'on peut espérer que G. E. Bean et T. B. Mitford se sentiront dispensés « d'une enquête future » sur la localisation de Mousbada à Kalın Ören et qu'ils préféreront chercher des ruines dans la haute vallée du Calycadnos près de Muzvadı.

2. *Questions d'édition et d'érudition. Iotapè.*

L'inscription n° 29 *a* de Iotapè est une republication avec photographie Pl. VI 2. « Of *IGR*, III, 833 *a* (*CIG*, 4411 *a* ; Paribeni-Romanelli, n. 121 *a*) we offer our own reading, since the texts of this important inscription hitherto published are thorougly inadequate ». Je reproduis le texte des nouveaux éditeurs pour les deux premiers tiers ; à partir de la ligne 13 et jusqu'à la fin, l. 25, il n'y a pas de changement avec la copie de Paribeni et Romanelli.

[Ἡ βουλὴ καὶ ὁ δῆμος]
[ἐτείμ]ησαν Κενδεα[ν[7] τοῦ δεῖνος, ἄνδρα[8] εὐσχήμο]-
να καὶ τοῦ βουλευτι[κοῦ τ]άγμα[τος, πατέ]ρα Μομψου

1. *Roman Rule in Asia Minor* (1950), 1368.
2. *Cities of the Eastern Roman provinces* (1937), 440.
3. *Byzantion*, 10 (1935), 643-654 : *Sur quelques évêchés d'Asie Mineure*, pp. 651-654 : 4, *Mousbada*, et la planche XXXVII, avec fond orographique.
4. Déformé en Közvady dans la carte d'Asie Mineure au 1:400.000 de Kiepert. Les caractères mêmes dans lesquels est imprimé ce toponyme et le carré (non le rond) manifestent que l'indication (position et nom) est empruntée à une source suspecte, un document administratif, aucun voyageur n'étant passé par là.
5. Même forme Muzvadı maintenant dans la carte au 1 : 500.000 et dans le recueil des noms de villages, *Türkiye' de meskûn yerler kılavuzu*, II (Ankara, 1947), 849, où c'est le seul village de ce nom. Il s'agit, dans Honigmann, de distances à vol d'oiseau.
6. *Villes d'Asie Mineure*[2] (1962), 431, note 3.
7. J'étudie ce nom dans mon volume *En Asie Mineure.*
8. Edd., par lapsus, ἄνδρος.

Κενδεου φι[λοπάτριδο]ς, [ἀνδρὸς εὐσχημονεστάτου] καὶ
φιλοτειμ[οτάτου κ]αὶ πρωτεύον[τος τοῦ παρ' ἡ]-
μεῖν τάγ[ματος τ]ῆς βουλ[ῆ]ς, ἀρχ[ι]ε[ρ]α[σαμέ]ν[ου]
τῶν Σεβασ[τῶ]ν [ἁγνῶς, δημιουργ]ήσα[ντος φιλοτεί]-
μως, πρυτα[νεύσαντο]ς τ[ρὶς ? δημωφελῶς ?, ἀγορα]-
νομήσαντ[ος] ἐκτενῶ[ς, δεκαπρω]τεύσαν-
τος πλειστά[κις] ἐπὶ τῆ[ς εἰσαγω]γῆς τῶν κυ-
ριακῶν φόρων πιστῶς · [ὃς καὶ να]ὸν θεοῦ
Ποσειδῶνος[1] μετὰ καὶ τοῦ ἐν [α]ὐτῷ εἱδ[ρ]υ-
μένῳ ἀνδριάντι χαλκέῳ οἴκ[ο]θεν [τῇ πα]-
τρίδι κατεσκεύασεν · ἐπιδοὺς καὶ εἰς [τὸ κο]ι-
νὸν βαλανεῖον κατασκευαζόμενον ο[ἴ]-
κοθεν (δηνάρια) *1025* κτλ.

L. 14-15, les éditeurs suivent en fait la vieille restitution de J. Franz. Il me semble qu'il est tellement évident qu'il s'agit d'un bain ' public ' que l'on n'attend pas ici τὸ κοινὸν βαλανεῖον. Je préfère écrire : le bain nouveau, construit en plus d'un bain déjà existant, [τὸ κα]ινὸν βαλανεῖον[2].

Le texte avait été publié par J. Franz, *CIG*, 4411, « ex schedis Beauforti », d'après les notes de Karl Otfried Müller[3]. En fait les copies du Capitaine Beaufort pour cette région étaient celles de son compagnon, l'architecte Cockerell[4]. R. Cagnat, dans *IGR*, III, 833 *a*, a simplement recopié la transcription et la restitution de Franz, sans même se reporter à la copie figurée en majuscules. En 1914, Paribeni et Romanelli ont donné leur copie en majuscules, qui était bien meilleure sur certains points, et ils y ont joint quelques remarques.

Les nouveaux éditeurs ont apprécié ainsi l'utilité de leur propre copie : « Ainsi nous éliminons la référence à Chypre que l'on trouve dans *CIG* et *IGR* ; et à sa place nous offrons une lecture qui définit de façon tout à fait appropriée la fonction des δεκάπρωτοι, — et ce faisant elle est unique ».

1. Pour l'expression θεὸς Ποσειδών, etc., cf. *Hellenica*, XIII, 176.

2. Cf., dans la vallée du Caystre, aux environs de Tire, cette inscription du IIIe siècle, *Mouseion Smyrne*, V (1886), 88 : Αὐρ. Κροῖσος Διονυσίου Ὑπαιπηνὸς ἀγορανόμος, πατρὸς ἀγορανόμου καὶ χρεοφύλακος, ἔδωκεν ὑπ[ὲρ] κωμαρχίας ἑαυτοῦ (δηνάρια) χείλια, ἅτινα προεχώρησαν ε[ἰς] ἐπισκευὴν τοῦ κα[ινο]ῦ βαλανείου καθὼς ἐψηφίσατο ἡ κατοικία ; sur la même pierre, un autre personnage (l'empereur n'est pas Marc Aurèle, mais Caracalla) ἔδωκεν καὶ τάχειον (cf. *Hellenica*, XI-XII, 16-20) εἰς τὴν ἐπισκευὴν τοῦ παληοῦ βαλανείου (δηνάρια) ν'(le ' vieux ' bain s'oppose au ' nouveau ') ; de même provenance, J. Keil et A. von Premerstein, *IIIe Reise*, n. 110 : δηνάρια) ψν', ἅτινα προεχώρησα[ν εἰς ἐπι]σκευὴν τοῦ καινοῦ βαλ[ανείου] ; à Éphèse, δόντα δὲ καὶ εἰς τὴν κατασκευὴν τοῦ καινοῦ γυμνασίου (*Ephesos*, III, 66).

3. Pour le travail de Karl Otfried Müller à Londres, cf. les renvois donnés dans *La Carie*, II, 202 ; *Hellenica*, XIII, 159.

4. Cf., sur ce rapport des copies et des dossiers, *Hellenica*, I, 30-32 : *Une inscription copiée par Cockerell ;* IV, 51 (à Sidè) ; *Rev. Phil.* 1958, 20, n. 1 (à propos de Sidè).

Le texte de Franz, reproduit par Cagnat, suggérait en effet aux lignes 10-12 : [σειτωνή]σαντος [ἀδια]λεί[π]τως ἐ[π]ὶ τ[ῶν ἐ]ν Κύπρῳ ? - - φόρων ? πιστῶς. Il ne semble pas que personne ait jamais utilisé cette suggestion en parlant de Chypre. En tout cas, « Chypre » était éliminée depuis 50 ans. Ayant copié : Πς τῶν κυ|ριακῶν φόρων πιστῶς, Paribeni et Romanelli, en 1914, commentaient cette mention des κυριακοὶ φόροι[1] ; dès lors les nouveaux éditeurs n'apportent rien là-dessus. On pouvait voir d'où venait la lecture Κύπρῳ (?) dans l'édition de Franz ; on avait rattaché à cette ligne de *a* la ligne de *b*, qui était à la même hauteur[2]. D'autre part, je ne puis pénétrer le sens du supplément des nouveaux éditeurs[3] ; que serait donc cette ' adduction ' des impôts ? car tel est le sens de εἰσαγωγή, qui s'emploie le plus souvent dans les inscriptions avec ὕδατος.

Quant à la nouveauté introduite par la mention de la ' décaprotie ', les éditeurs la commentent encore note 43 : « Pour la fonction des δεκάπρωτοι, cf. E. G. Turner, *JEA*, 22 (1936), 7-19 : Δεκάπρωτοι ; encore, A. H. M. Jones, *The Greek City*, p. 139 ; D. Magie, *op. cit.*, 1516 f. ». Ils ont fait allusion, note 43, à une révision antérieure inédite de l'inscription : « Notre lecture est confirmée pour presque chaque détail par une révision inédite faite par Heberdey en 1891 et maintenant dans les *schedae* de Vienne. La pierre n'a souffert pratiquement aucun dommage dans l'intervalle de 72 ans »[4]. Il est dommage que les auteurs de ce mémoire paru dans les *Denkschriften* de l'Académie de Vienne, et qui ont l'ambition de publier les inscriptions de la Cilicie Trachée dans *TAM*, n'aient pas connu l'article publié en 1902 par E. Hula

Pour le passage de Cockerell sur ce site, cf. *Travels in Southern Europe and the Levant*, 1810-1817, journal édité par S. Peppys Cockerell (Londres, 1903), 286. Le n. 4411 du Corpus figure bien dans la liste des inscriptions copiées par Cockerell donnée par E. A. Gardner, *JHS* 1885, 342 (cf. la page 344). Sur le dossier de Cockerell étudié par Gardner, cf. A. Reinach, *Rev. Arch.* 1912, I, 44, n. 3 ; *Rev. Épigr.*, 1 (1913), 35, n. 1.

1. « Si tratta inveche di κυριακοὶ φόροι coi quali il personnagio onorato ebbe a che fare, ossia con le rendite di alcuno dei vastissimi demanii imperiali dell' Asia ». Ces éditeurs renvoyaient à l'article de M. Rostowzew, *Fiscus,* dans le *Diz. Epigr.* et aux expressions κυριακὸς λόγος, κυριακαὶ ψῆφοι. On mentionne fréquemment le κυριακὸν ταμεῖον dans les amendes funéraires, aussi le κυριακὸς φίσκος (cf. *Hellenica*, XIII, 205), les κυριακαὶ ὑπηρεσίαι ou χρεῖαι.

2. Karl Otfried Müller a remarqué que la copie ne distinguait pas les inscriptions *a* et *b*, *b* n'étant séparée de l'autre que par une faible marge. C'est donc l'édition du *CIG*, qui, d'après les remarques de Müller, a séparé les deux colonnes. Pour cette ligne, on a classé à gauche, en *a* (je transcris par commodité d'impression les majuscules en minuscules) : τος ... λειστωσεμιτ. σιωνκυπιωτεσο, et, à la suivante, πακων φορων πιστως ; on n'a rien mis dans la ligne correspondante en *b;* or, πιωτεσο était la copie un peu inexacte de πρωτεύο[ντος] qui appartient à *b*.

3. La transcription de Heberdey à Vienne donnait ce même mot, mais avec un point d'interrogation.

4. J'avais eu communication de cette copie par J. Keil peu après la guerre. Cf. *Noms Indigènes*, 97, n. 3.

dans les *Jahreshefte* de Vienne et qui a pour titre *Dekaprotie und Eikosaprotie*[1]. C'était intéressant pour le sujet. Mais il y a mieux : E. Hula a publié là, p. 203, la copie d'Heberdey pour les lignes 1-11. Cette publication rendait complètement inutile celle des nouveaux voyageurs, car elle la devance sur tous les points, et Hula a restitué, l. 9-11 : [δεκαπρωτ]εύσαντος πλειστάκις ἐπὶ τῆ[ς ....]γῆς τῶν κυριακῶν φόρων πιστῶς ; il a songé au mot [ἀπαγω]γῆς. Ainsi ' Chypre ' était ' éliminée ' expressément depuis 1902, et déjà alors on avait lu la mention des ' impôts impériaux '[2].

Cela est un malheureux spécimen de travail, s'ajoutant aux autres, pour des auteurs qui s'entraînent à un Corpus, spécimen de désinvolture et d'injuste confiscation[3].

Je dois ajouter que je ne vois pas sur quoi se fonde la restitution précise [δεκαπρω]τεύσαντος, ni comment se justifie ce verbe suivi de ἐπὶ et du génitif ; on attendrait un verbe de sens assez général : « ayant présidé au recouvrement des impôts impériaux ».

« Pour *IGR*, III, 833 *b* (*CIG*, 4411 *b*; *PR* n. 121 *b*), gravé à droite du texte ci-dessus sur la même pierre et manifestement une inscription qui fait le pendant, nous lisons comme il suit ». En fait, la transcription est pratiquement identique à la copie publiée par Paribeni et Romanelli[4] ; j'ajoute même que tout pouvait être rétabli d'après la copie de Cockerell dans *CIG*.

Je profiterai de l'occasion pour faire sur des inscriptions d'Iotapè quelques remarques qui pourront être utiles aux lecteurs, même si les auteurs du futur Corpus ne devaient pas les utiliser.

Je me permettrai de rappeler[5] que dans l'inscription Paribeni-Romanelli n. 124, j'ai fait disparaître le nom ' cilicien ' Διστης, qui était une des perles du collier de noms indigènes enfilé par

1. *Jahreshefte*, 5 (1902), 197-207. D'ailleurs cet article figure dans la bibliographie de 11 titres que donne D. Magie ; ce savant a toujours utilisé très largement les travaux en langue allemande ou française aussi bien qu'anglaise et ses bibliographies sont heureusement ' internationales '.

2. Paribeni et Romanelli ne l'ont pas su. La lecture dans Hula est enregistrée par H. Kasten, *Bursian's Jahresberichte*, 261 (1938), 120. Voir index, II B, s. v. ἀπαγωγή.

3. Pour Sidè, cf. mes remarques *Rev. Phil.* 1958, 23-24.

4. Ligne 3, le père de Nannous s'appelle Ταλλ̣[ι]ου selon la lecture de Bean et Mitford, Ταμ-ου d'après celle de Paribeni et Romanelli ; dans Cockerell : — ΑΛ — Ο —. La copie d'Heberdey, que m'avait communiquée J. Keil, donne et restitue Ταλλ[ίο]υ. L. Zgusta, *Kleinas. Personennamen* (Prague, 1964), p. 483, note 20, écrit : « Bei Sundwall 200 lesen wir auch : « Ταλλ[ια]ς (m.) kil. *CIG*, 4411 », mit der Bemerkung : « so ist zu lesen ». Ich kann aber nicht in *CIG*, 4411 (= *IGR*, 3, 833) oder sonst etwas ähnliches finden ; der Name Ταλλιας wird also kaum existieren ». Sundwall, on le voit maintenant, avait utilisé la copie d'Heberdey à Vienne, laquelle, pour cette inscription *b*, elle aussi, anticipait la lecture et publication de Bean et Mitford. On ne peut vérifier les deux *lambda* sur la photographie qu'ils publient. Un Ταλλις dans leur inscription n° 39 d'Antioche du Cragos.

5. *Noms Indigènes*, 97-98. J'y ai annoncé des corrections à *CIG*, 4411 et 4415.

J. Sundwall en 1950 et où j'ai coupé, dans les deux passages : Τουεα δὶς τοῦ Καναινη, et Τουεους δὶς τοῦ Κανανη[1], et j'ai expulsé le nom de magistrature — mal formé — ἱερανομήσαντα (le ἱερονόμος est d'ailleurs inconnu en ces régions), que j'ai remplacé par la fonction qui apparaît à Iotapè dans les inscriptions similaires : ἀγορανομήσαντα ἐκτενῶς.

Le verbe ἱερανομεῖν avait trouvé sa place dans le dictionnaire de Liddell-Scott-Jones comme ailleurs[2]. Le même ouvrage enregistre, comme un ' hapax ', le verbe ὑπομαρτυρέω : « in Pass., *receive testimony*, ἐπὶ τῇ σεμνότητι τοῦ βίου, *CIG*, 4415 (Cilicia) ». A vrai dire, on doit être surpris devant ce composé ; si διαμαρτυρεῖν et ἀπομαρτυρεῖν s'expliquent au mieux à côté de μαρτυρεῖν, on se demande quelle nuance introduit ὑπομαρτυρεῖν ; le ὑπο initial ne pourrait indiquer qu'une idée de restriction, de diminution, de subreptice. Il s'agit précisément de deux inscriptions d'Iotapè, gravées sur la même pierre et éditées par J. Franz d'après la copie du capitaine Beaufort — c'est-à-dire de l'architecte Cockerell, — recopiée à Londres par Karl Otfried Müller : « ex schedis Beauforti misit Müllerus ». Au centre de la pierre se trouvait un texte, *b*, pratiquement complet[3] ; à gauche, *a*, la partie droite d'une inscription, et à droite, *c*, la partie gauche d'une autre. J. Franz a donné les inscriptions en capitales, avec naturellement la disposition des lignes sur la pierre ; sa transcription restituée n'indique pas la coupe des lignes. Il suffit de rétablir cette présentation par lignes distinctes pour constater que la restitution du participe ὑπομαρτυρηθέντα ne peut convenir non plus à la longueur des lignes. Je transcris d'abord *c* :

2 τὴν πατρίδ[α πεφιλοτειμημένον]
καὶ [τὰς ἀρχὰς]
καὶ (λ)ειτουρ[γίας πάσας ἐκτελέ]-
σαντα καὶ ὑπ[ομαρ]-
6 τυρηθέντα ἐπ(ὶ τ)[ῇ[4] σεμνό]-
τητι τοῦ βίου ἀρετ(ῆ)ς ἕ[νε]-
κεν καὶ εὐνοίας τῆς εἰς αὐτόν.

1. Même coupe dans L. Zgusta, *Kleinasiatische Personennamen* (1964), p. 149, nº 288 ; cf. p. 212, nº 520.
2. L. Laroche, *Histoire de la racine nem- en grec*, 139.
3. Aux lignes 1-4 Franz restituait et corrigeait : [π]ρ[ογόνων πανα](ρέ)των (copie : θυτωι), πατρὸς] | φιλο[τ]ε[ίμου] τε καὶ ε[ὐσχημονεστάτου] (beaucoup trop long) | καὶ δὶς δημιουργήσαντο[ς] | (δ)η(μ)ωφελῶς (pour cet adverbe, voir *Noms Indigènes*, 97, note 7). E. Hula, *Jahreshefte*, 5 (1902), 203, a fait connaître la copie et la restitution de R. Heberdey : [ἀρχι]|ερ[ασαμέν]ου τῶ[ν Σεβαστῶν] | φιλο-[τ]ε[ίμως] τε καὶ ε[ὐσεβῶς] | καὶ δὶς κτλ.
4. Copie : à la fin : ΕΠΡΙ.

La colonne de gauche se présenterait ainsi avec les restitutions adoptées :

[πεφιλοτειμη](μέ)νον[1] κ[αὶ]
[τὰς ἀρχὰς] καὶ λειτου(ργί)[2]-
[ας ἐκτε]λέσαντα καὶ ὑπομα(ρ)-
4 τυρηθέντα ἐπὶ [τῇ]
[σεμν]ότητι τοῦ βίου
[ἀρετῆς ἕ]νεκεν καὶ εὐνοί-
7 [ας τῆς ε]ἰς αὐτόν.

Dans *c*, la restitution ὑπ[ομαρ]τυρηθέντα est évidemment trop courte. Encore plus dans *a*, où il aurait fallu insérer plusieurs syllabes entre ὑπομαρ et τυρηθέντα. D'autre part, ὑπομαρ est, comme je l'ai marqué dans la transcription, le résultat de corrections ; la copie donne, après υπο, deux barres verticales, puis un ' alpha ', puis un ' nu '. Le verbe ὑπομαρτυρεῖσθαι disparaît, car il faut écrire ; dans *a*, ὑπὸ πάν|[των μαρ]τυρηθέντα, et dans *c*, ὑπ[ὸ πάντων μαρ]|τυρηθέντα. Dès lors, tout est normal[3].

Je donne, Pl. II, une photographie d'inscription prise sur le site en 1961 par Nezih Fıratlı, conservateur au Musée de Stamboul, et qu'il m'avait aimablement communiquée. C'est la dédicace à Trajan qui mit hors de conteste le nom de la ville[4]. Une autre dédicace à Trajan, elle aussi dans le grand édifice au sommet du site, a été revue par Bean et Mitford[5], qui y ont ajouté une lecture essentielle[6] : l'espace d'une ligne et demie laissé en blanc dans la copie des précédents éditeurs était un martelage, où Bean et Mitford ont retrouvé le nom et le titre du gouverneur de Trajan[7],

1. Copie : ANBNONK...
2. Copie : καιλειτουϐη.
3. Cf. le décret de Byzance *SGDI*, 3069, 13-15 : ὑπὸ πάντων μὲν μαρτυρεῖται τῶν εἰσπλεόντων εἰς τὸν Πόντον πολειτᾶν ἐπὶ φιλανθρωπίαι καὶ προνοίαι. Dans un décret de consolation à Algialè d'Amorgos, *IG*, XII 7, 396 (*Sylloge*³, 866), l. 16-17 : ὡς δὴ ὑπὸ πάντων τῶν παρ' ἡμεῖν πολειτῶν μαρτυρεῖται διὰ τὸ ἀξιοφίλητον αὐτοῦ ἦθος. La construction est différente dans le décret de Sagalassos à Termessos, *TAM*, III, 7, l. 5-7 : ἐξ ὧν αὐτῶι συνφώνως ἐμαρτυρήθη ὑπὸ πάντων ἐπὶ τῆς βουλῆς (pour cette construction, αὐτῶι ἀπομεμαρτύρηται ὑπὸ πλειόνων, cf. *BCH* 1929, 153, note 2 ; *Hellenica*, XI-XII, 95-96) ; pour μαρτυρία en général, voir *Hellenica*, XIII, 207, n. 5. Un bon exemple dans un éloge privé à Sinope : Προκοπῇ γυναικὶ ἑαυτοῦ εὐσεϐεστάτῃ [καὶ ἐπὶ] σεμνότητι σωφροσύνης μεμαρτυρημ[ένῃ] (*BCH* 1920, 359).
4. Ad. Wilhelm, *loc. cit.*, n. 250 (*IGR*, III, 831) : Αὐτοκράτορι Νέρουᾳ Τραιανῷ Καίσαρι 'Αρίστῳ Σεβαστῷ Γερμανικῷ Δακικῷ Παρθικῷ καὶ τῇ 'Ιωταπειτῶν πόλει Τούης κτλ. L'inscription étant bien datée entre 115 et 117, il est intéressant d'étudier l'écriture avec ses lettres carrées.
5. N. 30 et Pl. VI, 4-5. Dans Paribeni-Romanelli, n. 127. Là aussi le nom de la ville : Αὐτοκράτορι Νέρουᾳ Τραιανῷ Καίσαρι Σεβαστῷ Γερμανικῷ Δακικῷ, τῷ κυρίῳ σωτῆρι καὶ εὐεργέτῃ τοῦ κόσμου, 'Ιωταπειτῶν ὁ δῆμος.
6. Ils disent : « as published this gives no sense ».
7. L. 5-6, on avait lu le nom de l'empereur : αὐτοκράτορος Νέρουα κτλ. et ἀφιέρωσεν.

qui serait : Μᾶρκος Π[ο]μπή[ι]ος | Μα[κρεῖνος ?], πρεσβευτὴς καὶ ἀντιστράτηγος. Une autre inscription, n. 31, honore un autre gouverneur de Trajan, Titus Calestrius Tiro, et donne son cursus. Les éditeurs ont bien vu[1] qu'on avait à penser à un passage de Trajan au port de Iotapè lors de son voyage vers la Syrie pour la guerre parthique. Après son voyage par terre en Asie[2] et avant d'arriver à Antioche le 7 janvier 114, Trajan a dû passer à Iotapè, et peut-être s'embarquer là pour Chypre[3].

A Antioche du Kragos, à une quarantaine de km. plus à l'est sur la côte, les voyageurs ont trouvé une intéressante inscription sur une petite stèle, n. 44 et Pl. XI, 2 : Κοίντος Μάρκιο[ς] Εἰσουλανὸς Κρὴ[ς] Γορτύνιος, ἀνὴ[ρ] πρῶτος τῆς ἐπαρχε[ίας], τετελεκὼς ἐνδόξ[ως] πάσας ἀρχάς, λειτουργίας, φιλοτειμίας, φιλόπατρις, πρεσβεύων ὑπὲρ τῆς ἐπαρχείας πρὸς τὸν Σεβαστόν, τειμηθεὶς δημοσίᾳ καὶ ὑπὸ τῆς [Ἀντιο]χέων πόλ[εως].

« D'après le participe présent de la ligne 10 il apparaîtrait que le personnage honoré, quand il reçut ces honneurs, passait par Antioche dans une mission vers l'empereur : la province des lignes 4 et 10 — dont on penserait autrement que c'est la Cilicie — doit être la Crète et la Cyrénaïque, et l'empereur, au moment en question, être dans l'Est. Que ce fut Trajan ou Hadrien est une conjecture qui s'accorderait avec la paléographie de l'inscription ».

Telle me paraît bien être la situation, mais je crois qu'on peut presser davantage. La Crète, à la différence de Chypre, est loin de la Cilicie. Pour parler à l'empereur, aurait-on fait un tel voyage s'il s'agissait d'Hadrien, ce grand voyageur que la Crète vit aussi ? Pourquoi eût-on été le chercher dans cette petite Antioche, où il ne semble pas qu'il soit jamais passé ?[4] Tout cela s'explique au contraire si l'empereur était Trajan, qui passa par là, on vient de le voir, pour gagner la Syrie, et qui, en tout cas, lors de son retour vers Rome, malade, vint mourir, entre Antioche et Iotapè, à Sélinonte, qui prit ensuite le nom de Trajanopolis[5]. La province de Crète dépêcha-t-elle son ambassade à Trajan lors du voyage

1. Page 29.

2. Les auteurs renvoient à *Hellenica*, III, 7 (*La Carie*, II, 222-224). R. Hanslik, dans sa monographie sur Trajan, *PW*, *Suppl.* IX (1965), 1094, ignore toutes les études sur l'itinéraire de Trajan à travers l'Asie Mineure, et il sait seulement que Trajan est allé d'Éphèse « durch Lydien » à Séleucie de Syrie.

3. « An unpublished inscription of the Cypriot Curium suggests by the very closeness of its dating that Trajan, landing either at Arsinoe or Paphos, followed the land route along the south coast of the island. »

4. Pour les villes de Cilicie —, Cilicie Plane et Cilicie Trachée à l'est de Séleucie du Calycadnos, voir W. Weber, *Untersuch. zur Gesch. des Kaisers Hadrianus* (1907), 229-231.

5. Sur cette ville et son nom, cf. *Hellenica*, III, 6, avec la note 4 (*La Carie*, II, 222, n. 7) ; XI-XII, 280. Sur l'éloge et la description de la ville dans Basile, évêque de Séleucie, voir *J. Savants* 1961, 154 et 165.

vers la Syrie ? Mais l'on eût rejoint l'empereur bien plus facilement dans la Mer Égée, soit à Éphèse[1], soit dans un autre port où il s'arrêta, tel Hermione[2], en relations faciles avec la Crète. Le retour de Trajan est bien mieux indiqué. On a appris que l'empereur, malade, revient à Rome ; il va passer par les ports de la Cilicie Trachée ; c'est là que va l'attendre ou le joindre le Gortynien. D'ailleurs, l'empereur va mourir aussitôt après.

D'autre part, quel est le caractère de cette inscription ? Elle n'a pas le formulaire d'une inscription honorifique, ni celui d'une dédicace. Il convient aussi à la forme de cette petite stèle que ce soit une épitaphe. Elle récapitule, au nominatif, les charges remplies par le Gortynien ; il est mort lors de son ambassade (πρεσβεύων) et c'est pour cela ' qu'il a été honoré publiquement par la ville d'Antioche '. Cet étranger de distinction étant mort à Antioche, la ville a voté, selon l'usage du temps, un décret ' post mortem ' et lui a fait des funérailles publiques[3]. Cela me paraît assuré, quel que soit l'empereur dont il s'agit. L'inscription est l'épitaphe du Gortynien, mort à Antioche dans son ambassade et qui reçut de cette ville les honneurs funèbres : couronne, décret, enterrement public et peut-être tombeau.

3. *Questions d'institutions.*

Les inscriptions publiées, qui sont surtout des bases avec inscriptions honorifiques, ont amené les éditeurs à donner un certain nombre d'explications. Celles-ci sont presque toujours en porte-à-faux, même quand elles sont élémentaires. Les renvois à des études modernes semblent piqués au hasard de maigres lectures et ce ne sont pas les plus convenables et utiles.

Une nouvelle inscription à Sinekkalesi n. 3 (p. 8) donne ce texte :

......ιν, νεανίαν κόσ-
[μιον, ἀδ]ελφὸν Τουεντος
[ἀθλη]ṭοῦ ? παραδόξου, ξυσ-
[ταρ]χοῦντος διὰ βίου τῶν
[ἐ]ν Λυκίᾳ ἀγώνων · ἀνέστη -
[σ]εν δὲ τὸν ἀνδριάντα αὐτοῦ
[Ν]ανα Κουου ἡ μήτηρ φιλο-
στοργίας καὶ μν[ή]-
[μης χάριν].

1. Cf. *Hellenica*, III, 7, n. 1 (*La Carie*, II, 223, n. 3), d'après C. de La Berge et J. Guey.

2. J'ai fixé cette escale de l'expédition, *Rev. Ét. Anc.* 1963, 315, n. 3, en expliquant l'inscription d'Hermione *IG*, IV, 701 : Σεβαστὸν Γερμανικὸν Δακικὸν Δία Ἐμβατήριον ἡ πόλις. C'est à tort que l'on a cru que cette identification datait d'après la mort de Trajan (J. Beaujeu, *La religion romaine à l'apogée de l'empire*, I (1955), 72, n. 5) ; au contraire, Trajan n'est pas encore ' Parthique '. On a suggéré, *ibid.*, que cette identification « était liée sans doute aux efforts du Prince pour augmenter le trafic et la sécurité de nombreux ports (entre autres Ostie, Ancône et Centumcellae) ». Cela n'a rien à voir avec la petite ville d'Hermione.

3. Sur ce genre de documents et d'honneurs funèbres, voir notamment *Hellenica*, III, 14-31 ; XIII, 136-137, 164-165, 229-231.

Le défunt était mort jeune et sa mère n'a pu louer que la bonne tenue de ce jeune homme[1]. Sa notoriété ne lui venait que de ce que son frère était un athlète[2]. Les éditeurs ont conclu de l'emploi de παράδοξος[3] et de ξυστάρχης que « the restoration of [ἀθλη]τοῦ accordingly — given the length of this lacuna — becomes all but inevitable ». Je ne crois pas que l'on trouve jamais dans ces formules, avant παράδοξος, le mot vague ἀθλητής. On indique toujours, je crois, la spécialité. Le mot παγκρατιαστοῦ étant évidemment trop long et παλαιστοῦ l'étant sans doute, on écrira : [πύκ]του, ' boxeur '.

Pour la xystarchie ' des concours en Lycie ', les éditeurs ont pensé que c'étaient « presumably those celebrated by the κοινὸν τῶν Λυκίων ». Rien ne permet de supposer une telle restriction. Il doit s'agir de tous les concours célébrés en Lycie. D'autre part, il faut bien préciser ce qu'était le xystarque[4] : un athlète nommé à vie par l'empereur pour veiller à la discipline des athlètes dans un concours ou dans tous les concours d'une ville ou d'une région[5].

1. Sur cette mention, νεανίας κόσμιος, νεανίας ἀγαθός, et notamment dans cette région et le Sud-Ouest de l'Asie Mineure, voir *Hellenica* XIII, 49, avec la note 3 ; 229 ; cf. aussi 50-51. Pour la pointe de τέλειος opposé à ' jeune, enfant ' dans des inscriptions honorifiques (*ibid.*, 51), ajouter ce texte caractéristique de Mylasa, *BCH* 1888, 37, n. 19 : ζήσαντος μετὰ σωφροσύνης καὶ ἐν νεότητι τὰς τελείας ἀρετῆς ἀποδείξεις εἰσενεγκαμένου. La netteté de l'opposition ressort bien du sens qu'a τελείωσις dans la lettre d'Auguste à Sardes, *Sardis*, 8, l. 25-26 : συνήδεσθε ἐπὶ τῆι τελειώσει τοῦ πρεσβυτέρου μου τῶν παίδων (il s'agit de la prise de la toge virile par Gaius ; cf. l. 7-8).

2. Cela a été dit par les éditeurs.

3. « Παράδοξος is a stock epithet of athletes and artists ». Note 11 : « The adjective occurs freely as a modest title for athletes and artists of all kinds. Thus, to restrict ourselves to the one city of Aphrodisias, cf. *MAMA*, VIII, 418, 421, 513, 521 ». Pourquoi donc se restreindre précisément à Aphrodisias ? Il vaudrait mieux alléguer des textes locaux ; ainsi à Syedra, *Reisen*, n. 236 : Αὐρ. 'Αντώνις 'Ασπένδιος βουλευτής, ἱερονείκης παράδοξος, νεικήσας ἀνδρῶν πανκράτιον θέμιδος τετραετηρικῆς θ' καταλειφθείσης ὑπὸ Λαδίκης Εἰδαίου, ἀγωνοθετοῦντος Αὐρ. Νάσονος δὶς Λουολου. Le lecteur serait mieux instruit par quelques renvois à des études sur cette épithète, qui est souvent mal comprise, et sur son emploi. Ainsi le dictionnaire de Liddell-Scott-Jones traduit ' admirable ' ; le sens est ' étonnant '. Cf. notamment les explications *Gladiateurs*, 250-252 (252, n. 2, renvoi à mes nombreuses études antérieures) ; cf. *Eos*, 48, II (1957), 230, n. 7.

4. Les éditeurs disent là-dessus, pour les concours de la Confédération Lycienne : « it is of interest to find in a Cilician of Hamaxia a life president of their athletic association ». Ce n'est pas cela, et je ne vois pas bien ce que veut dire cette remarque sur le xystarque cilicien. Les éditeurs ajoutent, note 12 : « Cf. *MAMA*, VIII, 421 : παράδοξος καὶ διὰ βίου ξυστάρχης ». Pourquoi cette référence-là ? et pourquoi l'amputer des mots essentiels : ξυστάρχης τῶν ἐν Κολωνείᾳ 'Αντιοχείᾳ ἀγώνων ? (sur ce décret 421, cf. *Hellenica*, VIII, 147-154).

5. Voir essentiellement G. Glotz dans le *Dict. Ant. Saglio-Pottier*, s. v. *Xystos*, 1027-1028, et Cl. A. Forbes, *Class. Philology* 1955, 247-249 ; cf. *BCH* 1928, 420 ; *Rev. Phil.* 1929, 154-155. C'est à tort que Chr. M. Danoff, *PW* s. v. *Pautalia* (Suppl. IX), 811 et 815, croit, pour un xystarque de cette ville, que cela atteste des « Jugendwettspiele ». On admet (G. Glotz ; Forbes, 247) qu'un cosmète athénien a été xystarque de toute la province de Bithynie ; l'inscription *IG*, II^2, 3741, dit seulement : 'Αθήναιον

Dans ce même domaine, il faut relever l'emploi de προκαθεζομένου dans les inscriptions d'Antioche n. 41 et 42, terme qui se trouve associé à ἀγωνοθετοῦντος et distingué de lui[1].

A deux reprises, à Ayasofya, n. 23, et à Syedra, n. 27, un personnage porte le titre de αἰώνιος γυμνασίαρχος. Les éditeurs nous enseignent que « αἰώνιος indique que le personnage honoré était son bienfaiteur [du gymnase] exceptionnel et aussi très probablement son fondateur »[2] ; « que le bienfait du dédicant envers le gymnase fut exceptionnel, impliquant soit sa fondation, soit — à cette date plus probablement — sa reconstruction, cela est indiqué par son titre αἰώνιος γυμνασίαρχος ; cf. aussi de Iotape *IGR*, III, 831 (δι' αἰῶνος γυμν.) ; encore, notre n° 23 ci-dessus, avec la note 33 (Ayasofya) »[3]. La fin de cette dernière note renvoyait à *Anat. Stud.*, 1962, 193, n. 9. — Ces affirmations improvisées et répétées font contresens. Le sens avait été fixé avec précision et définitivement par Ad. Wilhelm, et justement dans les *Reisen in Kilikien*, pp. 153-154, ouvrage que, pour cela aussi, les éditeurs auraient dû lire et avec attention, pour s'instruire[4]. Nous l'avons signalé pour leur publication de 1962[5]. Le titre de ' gymnasiarque éternel ' est porté par un personnage, non point qui a construit le gymnase, etc., mais qui a fait une fondation (don d'un capital) pour que les revenus servent aux dépenses que doit assumer le gymnasiarque[6], et, précisons-le bien, essentiellement aux distributions d'huile[7].

'Αλεξάνδρου 'Ραμνούσιον ἱερονίκην καὶ ξυστάρχην ἐν Βειθυνίᾳ διὰ βίου ; j'y verrais plutôt l'indication vague d'une xystarchie dans une ville de Bithynie. Ce qui est à alléguer, c'est l'inscription de l'illustre Démostratos Damas à Sardes (*Sardis*, 79, C, 19 sqq.) ; il eut notamment ces xystarchies : 'Αλεξανδρείας 'Αδριανείου Φιλαδελφείου, 'Αλεξανδρείας Σεβαστείου, 'Αλεξανδρείας Σελευκείου (cf. *Bull. Épigr.* 1951, 46, avec observations sur la xystarchie), 'Αντινόου πόλεως (cf. *Bull. Épigr.* 1952, 180, pp. 192-194) καὶ τῶν ἐν Αἰγύπτῳ πάντων.

1. Les exemples sont réunis *Hellenica*, XI-XII, 13, note 3 : Antioche du Kragos déjà, Termessos, Baris, Rome. Terme analogue, mais non dans un texte technique, chez Philostrate, *Vit. Soph.* 541-542 : Polémon, προκαθήμενος τῶν 'Ολυμπίων à Smyrne, expulse un tragédien ; 530, προκαθῆσθαι τῶν 'Αδριανῶν 'Ολυμπίων ; dans 534, ἐπεστάτει.

2. Page 20, sur le n. 23 (Ayasofya).

3. Page 23, sur le n. 27 (Syedra).

4. Ce leur eût été plus utile que de relever des minuties d'erreurs de lecture comme dans *Anat. Stud.* 1962, 192, note 15.

5. *Bull. Épigr.* 1965, 423.

6. Bean et Mitford ont confondu αἰώνιος et κτίστης. Bonne distinction et bonne explication de αἰώνιος (en suivant Wilhelm) à Termessos chez R. Heberdey ; cf. ci-après 86, n. 5.

7. Pour Syedra même, il faut rappeler les monnaies qui représentent un grand récipient avec des louches et l'inscription γυμνασιαρχία (cf. *Hellenica*, XI-XII, 600, n. 4). Exemples avec reproductions : *BMC Cilicia*, Pl. XXVIII 2 ; *J. Int. Arch. Num.*, 6 (1903), 253, n. 715 et Pl. XVII 3 ; *Danish Mus. Cilicia*, n. 251 et 254 (avec la description ' water-basin ' !). Kolybrassos a le même type, ce qui établit un lien entre les deux villes. Hill, *BMC Cilicia*, p. xxxiv, n. 2, pensait que les différents petits vases (ou louches) « represent the varying quantity of oil dealt out to the athletes according to the measure of their success ». Cette idée curieuse ne peut être retenue. L'huile n'est pas ici une récompense, mais une générosité ; la ' gymnasiarchie ' ne concerne pas les athlètes, mais toute la jeunesse, et même, ici comme dans un très

De même pour les autres dignitaires ' éternels ', agoranomes, agonothètes, éponymes. L'explication est depuis lors très claire, bien qu'elle ne soit pas toujours connue ou comprise, comme nous le voyons encore ici ; elle a été adoptée par bien des savants, B. Laum, Br. Keil, J. Keil et A. von Premerstein, etc.[1]. Ces ' gymna-

grand nombre de cas à l'époque impériale, c'est une distribution d'huile à toute la ville. Sur des monnaies de Pergame avec l'inscription d'un gymnasiarque (Λ. Φούριος ἱερεὺς γυμνασιαρχῶν), on décrit encore « washing basin » (*Danish Mus. Mysia*, 465-466), comme dans *BMC Mysia*, 138 ; « ein Gefäss auf hohem Fuss mit ausladender Schale », disait H. von Fritze, *Die Münzen von Pergamon* (1910), 89, qui ajoutait : « welche Bewandtnis es damit hat, lässt sich nicht sagen » ; d'où sans doute K. Kraft dans Aulock, *Mysien* (1957), 1392 : « Kessel mit hohem Fuss ». Il s'agit naturellement d'une vasque à huile, rappelant la générosité du gymnasiarque pour la fourniture d'huile (cf. *Hellenica*, VIII, 89). — A Iotapè, une des inscriptions republiées par nos auteurs, n. 29 a, donne un bon exemple, l. 19-21 : εἴς τε διανομὰς τῶν βουλευτῶν καὶ οἰνοδοσίας καὶ γυμνασιαρχίας τῶν πολειτῶν, c'est-à-dire pour les distributions (d'argent) aux membres du conseil et les distributions de vin et d'huile aux citoyens.

1. La théorie de Wilhelm rend parfaitement compte d'une inscription de Lindos qui a embarrassé Chr. Blinkenberg, *I. Lindos* (1941), n. 465 (vers la fin du IIe siècle p. Chr.). Les Lindiens ont honoré Αἴλιον Καλλίστρατον τὸν καὶ Πλαγκιανὸν Ἀντιπάτρου Ἐρ(ειναῆ) τὸν δι' αἰῶνος φιλοτειμότατον ἐν τᾷ μεγάλᾳ πόλει Ῥόδῳ ἐπώνυμον γυμνασίαρχον νεώτερον (expression usuelle à Rhodes pour ' gymnasiarque des *neôteroi* ') (inscr. *f*) et divers membres de la famille de ce τοῦ φιλοτειμοτάτου διὰ αἰῶνος γυμνασιάρχου νεωτέρου κτλ., à savoir son grand-père maternel *(a)*, sa femme *(b)*, sa mère *(c)*, son père *(d)*, son oncle *(e)*, sa grand'mère *(g;* [τήθ[α]*)* et son ἔκγονος, son grand-père paternel *(h)*. L'éditeur n'a pas compris comment le personnage avait pu être à la fois ' gymnasiarque éponyme ' (éponyme au gymnase, et non éponyme de la cité, comme avait cru H. Van Gelder) et ' gymnasiarque perpétuel ' (pp. 847-848). L'inscription *e* — qui est, remarquons-le, juste au centre de cette longue base, qui a 8 inscriptions — est précisément très instructive par l'emploi des mots διὰ αἰῶνος, ἐπώνυμος et γυμνασιαρχία. Théon, qui est l'oncle (θεῖος) τοῦ φιλοτειμοτάτου διὰ αἰῶνος γυμνασιάρχου νεωτέρου Ποπλ(ίου) Αἰλίου Καλλιστράτου κτλ. (l. 4-7) a ' fait une promesse ', l. 7-16 : ἐπαγγειλάμενον μετὰ τᾶς ματρὸς αὐτοῦ Αἰλίας Ζηνοδότης τᾶς ἀξιολογωτάτας διὰ γραμμάτων καὶ τᾷ μεγάλᾳ πόλει Ῥόδῳ τὰν δι' αἰῶνος ἐπώνυμον, τοῦ προδηλουμένου ἀδελφιδοῦ αὐτοῦ γυμνασιαρχίαν καὶ ἱερεῦσι καὶ μάστροις καὶ Λινδίοις τὰς κατ' ἔτος νομὰς καὶ ἐλαιοθέσια εἰς ἀϊδίαν μνάμαν καὶ ἐπώνυμον τειμὰν τοῦ προγεγραμμένου Καλλιστράτου κτλ. ; ainsi Kallistratos était mort jeune (déjà marié, *b*) ; son oncle (θεῖος ; il était le neveu, ἀδελφιδοῦς) a fait des fondations pour perpétuer sa mémoire, εἰς ἀϊδίαν μνάμαν, et l'honorer, car elles porteront son nom (ἐπώνυμον τειμάν). A Lindos même, il y aura ' des distributions annuelles ' (νομαί, distributions d'argent, ici) et des distributions d'huile (pluriel de ἐλαιοθέσιον). A Rhodes même, ' dans la grande ville ', une ' gymnasiarchie ', c'est-à-dire une fourniture d'huile, faite annuellement et à perpétuité, sur les revenus de l'argent donné par l'oncle, sera faite au nom du neveu aux ' néôteroi ', *portera son nom à perpétuité* (τὰν δι' αἰῶνος ἐπώνυμον τοῦ προδηλουμένου ἀδελφιδοῦ αὐτοῦ γυμνασιαρχίαν) et lui assurera ainsi le titre de διὰ αἰῶνος γυμνασίαρχος ou δι' αἰῶνος ἐπώνυμος γυμνασίαρχος. D'après *g*, comme d'après *e*, la mère de Théon s'est associée à la générosité en mémoire de son petit-fils : Αἰλίαν Ζηνοδότην ... τὰν φιλοστοργοτάταν τήθ[αν τοῦ] φιλοτειμοτάτου δι' αἰῶνος γυμνασιάρχου νεωτέρου Ποπλ(ίου) Αἰλ(ίου) Καλλιστράτου κτλ., ἐπαγγειλαμέναν μετὰ τοῦ υἱοῦ αὐτᾶς τοῦ γυμνασιάρχου Πο. Αἰλ. Θέωνος διὰ γραμμάτων καὶ τᾷ μεγάλᾳ πόλει Ῥόδῳ τὰν δι' αἰῶνος ἐπώνυμον τοῦ προδηλουμένου ἐκγόνου αὐτᾶς γυμνασιαρχίαν καὶ ἱερεῦσι κτλ. La ' gymnasiarchie ' concerne les ' néôteroi ' ; je conclurais que tel était l'âge et la catégorie de Kallistratos quand il est mort très prématurément et que son oncle a institué, par promesse écrite, la fondation. L'inscription de Lindos, loin d'être obscure et difficile, illustre excellemment la théorie d'Ad. Wilhelm et nous donne un très bel exemple des titres ' éternels ' acquis par une fondation, et, spécialement, comme il arrive souvent, acquis à un jeune défunt par une générosité de sa famille.

siarchies éternelles ' ont pu être fondées par des particuliers ou par des empereurs — telle Agrippine à Mytilène — ou une déesse comme Artémis d'Éphèse ; quand l'' éternel ' est mort (ἥρως) ou absent, les fonctions pratiques de la charge sont assumées par un ' épimélète ' ou un ' hypogymnasiarque '[1].

L'inscription de Syedra n° 27 offre d'autres titres intéressants. On y lit :

Βουλῆς κ[αὶ δήμου]
δόγματι [Αὐρ.]
Μενοιτιανὴν
Σεϐαστὴν τὴν ἀ[ξιο]-
λογωτάτην μητέ[ρα]
τῆς βουλῆς Αὐ[ρ.]
Καλλικλιανὸς Ῥ[ου]-
[φ]εινιανὸς Ποτεῖτ[ος]
[α]ἰώνιος γυμνασ[ίαρ]-
[χ]ος καὶ πατὴρ τῆ[ς]
[πόλε]ως τὴν ἑαυ[τοῦ]
[γυναῖκα ?]

Le nom de Kalliklianos, — personnage déjà connu à Syedra comme agonothète, — peut servir à tenter de restituer un nom dans une inscription de Syedra récemment publiée[2]. — « Pour πατὴρ τῆς πόλεως, titre d'un fonctionnaire spécialement en rapport avec les édifices publics, cf. notre n° 45 ci-dessous [à Antioche], avec les commentaires de L. Robert, *Rev. Phil.*, 32, 1958, 50 ». J'avais là étudié ce terme méconnu par G. E. Bean dans une inscription de Sidè ; de même en avons-nous parlé pour une autre inscription de Sidè où le même auteur restituait πατρ(ικίου) au lieu de πατρ(ός)[3]. Mais il s'agissait partout de textes du Bas-Empire, ce qui n'est pas le cas de l'inscription de Syedra. Plus tôt, avant d'en arriver à cette spécialisation et à cette ' fonctionnarisation ', ' père de la ville ' était un titre d'honneur, tout comme ' fils de la

1. J'ai réuni de nombreux cas, à propos de Mytilène, pour les ' gymnasiarchies éternelles ', et aussi les autres charges ' éternelles ', avec d'abondantes explications et bibliographies dans *Rev. Ét. Anc.* 1960, 294-296. Il me semble que la lecture de ces pages peut suffire à éviter des contresens et dispense d'imaginations sans fondement. Un cas très explicite a été fourni par l'inscription d'Éolide *BCH* 1933, 502-503 : un personnage, après avoir été gymnasiarque quatre fois, a promis d'être gymnasiarque « à vie » ; en outre, il a ' consacré ' trois champs, « afin que, après sa mort, sur (le produit des) champs, il soit gymnasiarque éternellement conformément à la loi et ordonnance déposée dans les archives à ce sujet », ὅππως καὶ μετὰ τὰν μετάστασιν αὔτω ἐκ τῶν ἄγρων γυμνα[σι]άρχη δι' αἴωνος κατ τὸν ἀποτεθειμένον εἰς τὸ ἀ[ρχεῖ]ον περὶ αὔτων νόμον καὶ διατάγαν.

2. *Anat. Stud.* 1962, 193, n. 10 : Κλαυδιαν[ὴ]ν | Βιακλιανὴν | τὴν λα[μπρο]τά|την ὑπατι[κὴν] | ἡ π[ό]λ[ις]. Les éditeurs ont constaté que « Βιακλιανή est régulièrement formé sur Βιακλῆς, nom qui ne semble pas avoir été enregistré ». L'inscription est « very badly worn ; except in a favourable light this inscription is barely visible, and was either overlooked or withheld by Heberdey and Wilhelm ». Aussi avons-nous cru pouvoir nous demander, *Bull. Épigr.* 1965, 483, si l'on pourrait chercher Κλαυδίαν et un nom, ou penser à Βλανδιανήν (Βλάνδος et Βλανδιανός à Sinekkalesi). On pourrait s'interroger aujourd'hui sur la possibilité d'une lecture Κλαυδίαν Καλλικλιανήν.

3. *Bull. Épigr.* 1965, 419, pp. 171-172.

ville '[1], etc., et comme ' père ' d'une association[2]. Il y a eu évolution[3]. Que le titre de ' père de la ville ' soit ici un titre d'honneur, et non la charge des édifices publics[4], c'est ce que montre dans le même texte le titre de ' mère du Conseil ' porté par la femme et sur lesquels les éditeurs n'ont rien dit. A Termessos, un ' fils de la ville ' avait pour femme une μήτηρ βουλῆς[5], et l'on a ailleurs ' mère de la ville ', ' mère de la gérousie '[6] ou mère dans des associations[7] ; à côté de la ' mère du Conseil ', on a le ' père du Conseil '[8].

L'inscription d'Antioche n. 42 pour un jeune pancratiaste est ainsi rédigée :

1. Cf. notamment G. Hirschfeld, *Z. österr. Gymn.*, 33 (1882), 161-165 ; L. R., *Rev. Ét. Anc.* 1960, 311. Pour ' fille de la ville ', *ibid.*, et prochainement sur des inscriptions d'Aphrodisias. Pour υἱὸς τῆς Ἑλλάδος, voir *Bull. Épigr.* 1966, 186.

2. Voir notamment Is. Lévy, *Rev. Phil.* 1902, 276, note 4 ; F. Poland, *Gesch. gr. Vereinsw.*, 371-373 ; L. R., *Mélanges Bidez*, 798-799, avec le πατὴρ σπηλαίου et la μήτηρ δενδροδοφόρων ; W. Peek, *Ath. Mitt.* 67, 31-32 (associations attiques) ; *Bull. Épigr.* 1955, 163, p. 242 ; 163 *a*, p. 243 ; *IGBulg.*, II, 671.

3. Je l'avais indiqué, *Hellenica*, IV, 130, note 6. Déjà Waddington. *Asie Mineure*, p. 374 A, *ad* n. 1602 (Aphrodisias), mettait en garde contre la confusion : « C'est un titre purement honorifique, accordé à un bienfaiteur ou à une bienfaitrice de la ville... Il ne faut pas confondre ces πατέρες πόλεως avec ceux dont nous avons parlé plus haut (voyez les notes du n° 594) », inscription d'Aphrodisias (cf. *Hellenica* II, 130-131 et Pl. I-II).

4. Pour ce titre honorifique, cf. notamment J. Pouilloux et Chr. Dunant, *Recherches sur Thasos*, II, 96, 97 et 128, sur πατὴρ τοῦ δήμου dans un décret très instructif. A Termessos, en 96 p. C., Laertès, grand-prêtre de l'empereur et prêtre à vie de Zeus Solymeus, est φιλόπατριν καὶ πατέρα πόλεως (*TAM*, III, 83). A Olbia, Kallisthénès, λέγων τὰ ἄριστα καὶ πράττων τὰ συνφέροντα, πατὴρ ἀπεδείχθη τῆς πόλεως (*Ios PE*, I^2, 42, l. 16-17).

5. *TAM*, III, 122 : Μειδιανὸν..., τὸν κτίστην τοῦ γυμνασίου καὶ δι' αἰῶνος γυμνασίαρχον, υἱὸν πόλεως καὶ φιλόπατριν, κτίστην καὶ ἑτέρων ἔργων μετὰ καὶ τῆς γυναικὸς αὐτοῦ Αὐρ. Ἀρτεμειτος ... μητρὸς βουλῆς, τῆς κρατίστης ; n. 123, la même femme est appelée μητρὸς βουλῆς καὶ δήμου ; la même n. 57 est μητέρα βουλῆς, κτίστριαν καὶ γυμνασίαρχον εἰς τὸν αἰῶνα, et, n. 58, τὴν κρατίστην, μητέρα βουλῆς, φιλόπατριν καὶ δι' αἰῶνος γυμνασίαρχον, κτίστριαν καὶ αὐτὴν τοῦ γυμνασίου καὶ ἑτέρων ἔργων μετὰ τοῦ ἀνδρὸς αὐτῆς. R. Heberdey commente justement : « Appellationem γυμνασίαρχος δι' αἰῶνος (εἰς τὸν αἰῶνα) intellegas de largitione pecuniae facta, ut ex usuris gymnasiarchiae sumptus annui in posterum sustinerentur ; altera, κτίστρια, ad gymnasium spectat, quod maritus suo familiae nomine exstruxerat, de quo v. n. 21 et *Termessische Studien*, pp. 78 sqq. » (cf. ci-dessus, 83, n. 6).

6. Ainsi une μήτηρ πόλεως à Aphrodisias (Waddington, 1602 ; *MAMA*, VIII, 492 b), γένους πρώτου καὶ λαμπροῦ ; deux μήτηρ τῆς γερουσίας à Thasos (*IG*, XII 8, 388 et 389) ; μήτηρ τῆς μητροπόλεως à Ancyre de Galatie (*IGR*, III, 191 ; *ibid.*, 190, une θυγάτηρ τῆς μητροπόλεως).

7. Voir ci-dessus, la note 2. Dans les communautés juives, on connaît la ' mère de la synagogue ' et la πατήρισσα (*Hellenica*, I, 26-27).

8. A Mégare, un υἱὸν τῆς πόλεως καὶ πατέρα βουλῆς (*IG*, VII, 106 ; *Gladiateurs*, n. 59). Cf. à Chéronée, [Ἡ βου]λὴ καὶ ὁ δ[ῆμος Ὀ]λύμπιχον [Εὐά]νδρου τὸν [πα]τέρα αὐτῶν [εὐν]οίας ἕνεκεν κτλ. (*IG*, VII, 3429). Sur πατὴρ βουλῆς dans un texte hagiographique, cf. F. Cumont, *Rev. Phil.* 1902, 226, note 6. A Beroia les synèdres macédoniens honorent un πατέρα συνεδρίου (*Anzeiger*, 57 (1942), 175, n. 1). — Un υἱὸς τῆς βουλῆς à Thasos, J. Pouilloux et Chr. Dunant, *loc. cit.*, 126, n° 238.

Αὐρ. Σαλ6[ια]νὸν Ἀδ[αί]-
ου ? Ἀντιο[χ]έα, πατρ[ό]-
βουλον, νεικήσαντα
παιδῶν πανκράτιν
θέμιδος β′ ? Λεωνιδε[ί]-
ου, ἀγωνοθετοῦντος
διὰ αἰῶνο[ς Λ]εωνίδα
Λεωνίδου Κενδου, προ-
καθεζομένου[1] Λεων[ί]-
δου πατρὸς τοῦ ἥ[ρω]-
ος
[εὐ]τύχι *vac.* ΤΟΥ-

Si la restitution du patronyme fait difficulté, l. 1-2[2], le *signum*, l. 12, me paraît ne pouvoir être que Του[η] (au vocatif), Τουης étant un nom indigène fréquent dans cette région[3]. Les éditeurs n'ont pas relevé ou reconnu l'intérêt du titre πατρόϐουλος[4]. C'est pourtant un mot très rare. En dehors d'une lettre de l'empereur Julien aux gens de la Byzacène[5] et de textes hagiographiques[6],

1. Voir ci-dessus, 83.

2. « Ἀδαῖος, although a not uncommon name, is unattested in Rough Cilicia. An alternative is Ἀδ[έ]ου, but Ἀδέας is a rare name ». La question n'est pas tant de savoir si Adaios est un nom commun ou rare. Ce qui importe ici, c'est qu'il est typiquement et exclusivement macédonien ; cf. Hoffmann, *Die Makedonen* (1906), 190 ; I. I. Russu, *Ephemeris Dacoromana*, 8 (1938), 163-164 ; L. R., *Gnomon* 1963, 60-61 et 73, renvoyant à de nombreuses publications. Cela ne l'exclut pas nécessairement de la région.

3. Exemples de Τουης et Τουησιανός dans L. Zgusta, *Kleinas. Personennamen*, 520. Discussion du matériel rassemblé par Ph. H. J. Houwink Ten Cate (1961) et détermination exacte de la région où l'on rencontre ces noms dans *Noms Indigènes*, 424, n. 6. Bean et Mitford reprennent l'inscription agonistique de Korakésion publiée dans *Alanya* 69, par Gough ; au lieu de ἀγωνοθέτου ... Αὐρ. Ὀ[6ρι]μιανοῦ τοῦ ἡσιαχ[οῦ] ἀγῶνος, ils ont lu et restitué Τουησιαν[οῦ] (p. 8, n° 4).

4. Page 15, pour l'inscription d'Ayasofya n. 14 (texte ci-dessus, 70), ils ont commenté πρόϐουλος, y voyant un bureau de 12 conseillers (mais pourquoi y en aurait-il eu partout 12 comme à Termessos ?), attesté par cette série de textes et la précédente aussi à Syedra, Kestros et Laertès. Sur l'expansion de cette magistrature à l'époque impériale, voir *Hellenica*, XIII, 63-64.

5. N. 54. On y lit : τοὺς βουλευτὰς πάντας ὑμῖν ἀποδεδώκαμεν καὶ τοὺς πατροϐούλους. C'est F. Cumont qui a corrigé Βυζαντίοις en Βυζακίοις (*Rev. Phil.* 1902, 224-225) ; cette correction est adoptée par tous (Is. Lévy ; Mommsen ; L. Leschi, *Études d'épigraphie, d'archéologie et d'histoire africaines*, 252-253).

6. Dans F. Cumont, *loc. cit.*, 227-228, après Ducange : Passion de Romanos de Césarée de Palestine, martyr à Antioche (il donne le texte inédit des lignes intéressantes) et de Calliopios, de Pergè en Pamphylie, martyr à Pompeioupolis de Cilicie. Cf. Is. Lévy (ci-après), 276-277 ; Th. Mommsen (ci-après), 48-49. H. Delehaye, *Anal. Bollandiana*, 50 (1932), 241-283, a publié, avec d'autres documents, la Passion grecque inédite, pp. 249-260. P. 274, il signale πατρόϐουλος « terme rarement employé ». « Le sens du mot a été l'objet de savantes discussions » [plaise à Dieu, Cumont, Is. Lévy et Mommsen, auxquels on renvoie, étaient savants ; quant à Hiller de Gaertringen, auquel on renvoie aussi, il était savant aussi, mais il n'a pas discuté, faisant connaître, en quelques lignes en latin (d'où le *de* au lieu de l'authentique *von*), le texte de Paros]. « On s'est mis d'accord [?] pour accepter la signification de fils de bouleute ». « Notre texte a été mis à contribution, et notamment pour montrer que le πατρόϐουλος était un homme jeune encore... Eusèbe et la légende sont ici mis sur le même pied. On suppose que le diacre d'Eusèbe a vraiment porté le titre de πατρόϐουλος. Or ceci n'est qu'une invention de l'hagiographe. Et il est étonnant qu'on ne se soit pas demandé dans quelle ville Romanos était destiné à devenir sénateur à la mort de son père. Ce n'est pas à Antioche où il était étranger ». La remarque est de bonne critique. La Passion

il apparaît dans des inscriptions de Dorylée[1] et de Paros[2]. D'abord méconnu à Dorylée[3] comme dans les textes[4], il a été bien expliqué par Is. Lévy, qui a utilisé aussi des passages du Talmud[5] : fils de bouleute, successeur désigné par son père et comme tel associé dès l'adolescence aux travaux de la Boulè. On voit que c'est très exactement ce sens — et non celui de ' membre héréditaire du Conseil '[6], sans parler naturellement des autres signalés ci-dessus

ne nous renseigne pas sur Romanos (critique, pp. 274-276, de cette « Passion légendaire classique avec les lieux communs habituels »), mais pourtant sur le temps du rédacteur. Or, « la légende sous la forme qu'elle a prise dans la Passion grecque remonte fort haut, puisque nous en avons une paraphrase latine qui date des toutes premières années du ve siècle : nous voulons parler du poème de Prudence : *Peristeph.* X » (p. 275) ; « la Passion grecque de S. Romain a été traduite en prose latine, peut-être de très bonne heure, nous ne voudrions pas affirmer que Prudence n'a pu lire cette version » (p. 279). La rareté même du terme *patroboulos*, qui n'a pas subsisté après le Bas-Empire, nous engagera à dater la rédaction aussi du ive siècle, en tout cas du Bas-Empire. Il en va de même pour des expressions du début de la Passion. « Quant au mot τάξις, il est l'équivalent de l'*officium* latin ». Cette juste et savante remarque avait été faite par Mommsen, tandis que Cumont y voyait l'*ordo* des décurions. La τάξις dit que Romanos est *patroboulos* (§ 3) et elle l'a fait entrer devant le tribunal (§ 2). On a dit plus haut τινὲς τοῦ ὀφφικίου τῶν ταξεωτῶν (§ 1) ; c'est le vocabulaire du Bas-Empire (sur ces deux derniers mots, cf. *Hellenica*, XI-XII, 50 ; *Charisterion An. Orlandos*, I, 336-337 ; on trouvera d'ailleurs une large documentation sur τάξις et ταξεώτης dans les Actes des martyrs et dans d'autres documents, rassemblée par P. Franchi De' Cavalieri, *Note agiografiche*, 3 (1909), 62-63 (cf. aussi *ibid.*, 7 (1928), 208-209) : τάξις « fréquent dans les textes hagiographiques, même anciens »). — H. Delehaye, *ibid.*, reprend ses prédécesseurs sur un autre mot : « Un autre mot du contexte a causé quelque étonnement : ἐκέλευσεν αὐτὸν κατενεχθῆναι ἀπὸ τοῦ ἑρμᾶ [Cumont, Is. Lévy, Mommsen ont ajouté un point d'interrogation]. C'est le mot ἕρμα support, montant, pilier. Un peu plus haut : ἐκέλευσεν αὐτὸν κρεμασθῆναι. Il s'agit de l'instrument du supplice auquel le martyr était attaché ». Il s'agit évidemment de cela ; mais comment ἕρμα peut-il donner le génitif ἑρμᾶ ?

1. A. Körte, *Gött. Gel. Anz.* 1897, 400, n. 44, l. 7-10 : ἐπιμεληθέντων (érection d'une statue honorifique par la tribu Métrôas) Αὐρ. Κλαυδίου β' βουλευτοῦ κὲ Αὐ. Ἀσκληπιάδου Μακαρέως πατροβούλου, γραμματεύοντος δ' Αὐρ. Θεμιστοκλέους Ἀλεξάνδρου πατροβούλου ; 412, n. 63, l. 6 : Διοδώρῳ — τῃ πατροβού[λῳ]. Ces textes ont été datés d'environ 250 (Is. Lévy, ci-après, 272-273) ; mais la « règle » de Ramsay sur les Aurelii est controuvée. Il est assuré que le second texte date de peu après 212 (à cause de l'addition de Αὐρηλία dans un cas ; cf. *Hellenica*, XIII, 234).

2. *IG*, XII 5, 141 (d'abord signalé par F. Hiller von Gaertringen, *Rev. Phil.* 1902, 279) : distribution de 7 deniers βουλευταῖς δὲ καὶ πατροβούλοις.

3. A. Körte, *loc. cit.*, p. 412 : « Die πατρόβουλοι sind wohl ein Ausschuss der βουλή ». Il relevait que le mot ne semblait être connu que par la lettre de Julien.

4. F. Cumont, *loc. cit.*, 224-228 : Πατρόβουλοι, entendait par là des ' patrons '. Il ne connaissait pas les inscriptions de Dorylée.

5. *Rev. Phil.* 1902, 272-278 : *Les* πατρόβουλοι *dans l'épigraphie grecque et la littérature talmudique.* En réfutant l'interprétation de F. Cumont, Is. Lévy a introduit dans le sujet les inscriptions de Dorylée comme les passages du Talmud.

6. Celui-là est le seul qu'indique Liddell-Scott-Jones. Cf. Th. Mommsen, *Ges. Schriften*, III, chap. VII (*Festschrift Otto Hirschfeld*, 1903), 48-49. Approuvant l'explication d'Is. Lévy et sa réfutation de F. Cumont, il concluait que, là où le mot est employé en contraste avec βουλευτής, comme dans la lettre de Julien et à Paros (et à Dorylée), « wird man die noch nicht in der Bule funktionirenden Söhne der Buleuten zu verstehen haben. Doch mag das Wort auch wohl von dem aus einem Decurionengeschlecht entsprossenen Decurio selbst gebraucht worden sein ». — F. Preisigke, *Wörterbuch*, s. v., donne le sens de « fils d'un bouleute qui exerce déjà

— qui convient à l'inscription d'Antioche : ce πατρόϐουλος avait vaincu au pancrace dans la catégorie des παῖδες. C'est même comme une confirmation à l'interprétation d'Is. Lévy[1]. Ne valait-il pas la peine d'interroger un peu ce texte pour en tirer cela au lieu de laisser croire, par le silence, que le mot πατρόϐουλος était banal et sans histoires ?

De même façon doit s'interpréter πατρογέρων à Éphèse[2] et aussi le terme très souvent mal compris de πατρομύστης dans une association dionysiaque à Smyrne[3].

La ruine d'Ayasofya a fourni deux attestations du nom de métier νομικός, qui était celui d'un homme et de son fils : Οὐαλεριαν[ὸν] Οϐ[ριμου] νομ[ικὸν] Ξένων [τὸν] πατέ[ρα] (n. 6), Οϐριμον Οὐαλεριανοῦ νομικὸν Ξένων τὸν ἀδελφόν (n. 7). Le commentaire des éditeurs est insuffisant dans leurs renvois aux attestations de ce mot[4] et il est en porte-à-faux sur l'intérêt de cette mention dans la ville de Cilicie[5].

les devoirs de bouleute », d'après F. Oertel, *Die Liturgie* (1917), 219. Le *Pap. Lond.*, III (1907), 971, 7 (Mitteis, *Chrestomathie*, 95) au IIIe ou plutôt au IVe siècle, donne : οὔτε βουλεύοντι οὔτε πατροϐούλῳ καθεστηκότι. Cela s'adapte exactement à l'explication d'Is. Lévy (cf. Oertel, pp. 219 et 403). Je ne sais si jamais πατρόϐουλος a désigné un ' bouleute héréditaire '. Une fois que le personnage avait atteint la maturité et était devenu pleinement ' bouleute ', il semble que le titre de πατρόϐουλος avait perdu son intérêt.

1. V. Chapot, *Prov. rom. d'Asie* (1904), 197, n. 4, écrivait : « Une autre variété de stagiaires seraient peut-être ces πατρόϐουλοι énigmatiques, connus seulement — en Asie — par deux inscriptions de Dorylée... M. Is. Lévy définit ainsi, hypothétiquement, leur condition... Cette explication est empruntée, du reste, à des rapprochements où l'Asie n'a rien à voir ». Je ne vois pas pourquoi des textes relatifs à d'autres régions ne peuvent pas éclairer des inscriptions de ' l'Asie ' ; les institutions de cette province ne sont vraiment pas sans rapports avec celles du reste du monde grec. D'autre part, une inscription de Paros, à cette époque, est à classer parmi celles de l'Asie, c'est-à-dire de la province d'Asie.

2. Le πατρογέρων est attesté dans des inscriptions d'Éphèse ; cf. Hicks, *GIBM*, III, p. 204 ; J. Oehler, *Vereinswesen* (*Progr. Wien* 1905), 24 ; R. Heberdey, *Ephesos*, II, n. 20, p. 111 ; R. Heberdey rapproche le πατρόϐουλος ; mais des quatre auteurs qu'il cite sur ce mot, il n'a lu que Mommsen et il a recopié les autres références.

3. *IGR*, IV, 1393 ; encore dans la note de Cagnat-Lafaye, pris pour un *mysta princeps*, après Boeckh, Rohde (« peut-être le père spirituel du myste »). J'en traiterai ailleurs, ainsi que des droits d'entrée dans deux corps à Pergame.

4. Note 17. « For the epitaph of a νομικός of Sardis, W. H. Buckler and D. M. Robinson, *Sardis*, VII, n° 148. Cf. further *MAMA*, VI, 111 = J. and L. Robert, *La Carie*, 171, n° 61. Instances of νομικοί are rassembled by T. R. S. Broughton in *Roman Asia Minor*, 855. Broughton's nine instances are more than doubled in nummer by Robert's valuable note, *Hellenica*, I, 62, n. 9 ». On ne voit pas pourquoi les deux textes de Sardes et d'Héraclée de la Salbakè sont détachés des autres. Depuis *Hellenica*, I, on trouvera des exemples réunis dans *Hellenica*, II, 148 ; X, 248 ; *Bull. Épigr.* 1953, 30 et 194, p. 176, n. 154 ; *Gnomon* 1959, 667 (un *nomikos* reconnu dans *I. Didyma*, 364 *a*) ; *Villes d'Asie Mineure*², 390-391, 393 ; *Bull. Épigr.* 1965, 80. On peut relever, à Aphrodisias, *CIG*, 2787 et 2788 (cf. *Hellenica*, XIII, 223), deux νομικὸς ἄριστος, qui sont parents, tous les deux morts jeunes.

5. « The letter-forms..., in particular A and Ω, suggest a first or early second

Je voudrais enfin, dans cette série, expulser un mot nouveau d'une inscription publiée par les mêmes éditeurs dans la série précédente, le n° 5 à Sinekkalesi[1]. Ils ont lu le texte suivant :

Ἡ βουλὴ καὶ ὁ δῆμος
ἐτείμησαν Αὐρ. Ἀν-
θέστιον Κονωνιαν-
4 ὸν Βλάνδον τὸν ἴδιον
βουλευτήν, ἄρξαντα
τὰς ἐπιβαλλούσας
7 τῇ ἡλικίᾳ αὐτοῦ ἀρχάς·
τὸν δὲ ἀνδριάντα ἀνέ-
στησαν Αὐρ. Βλανδι-
ανὸς Κόνων καὶ Αὐρ. Μιρα-
σητιανή<ν> ἐνδογονεῖς
μνήμης καὶ φιλοτεκνί-
ας χάριν.

« La lecture de la ligne 11 est difficile. De ἐνδογονεῖς toutes les lettres sauf ' gamma ' sont claires, et nous ne voyons pas d'autre solution que l'hypothèse d'une erreur — ou une variante — de ἐνδογενεῖς, *vernae*. Les deux dédicants, d'après leur emploi du ' praenomen ' Aurelius et l'expression φιλοτεκνίας χάριν ont, semble-t-il, été adoptés par Anthestius. Le nom Μιρασητιανή est régulièrement formé du Cilicien Μιρασητας connu par ailleurs sur le site... Le ' nu ' final est clair sur photographie et estampage, mais il semble superflu ».

Les savants lecteurs du *SEG* y trouvent cette inscription reproduite exactement sous la même forme, XX (1964), 56, mais sans un mot qui les aide ; charitablement, il est vrai, le savant éditeur leur évite de s'apercevoir qu'il y a quelque difficulté dans ce texte.

century date. Νομικός, *iuris peritus*, a profession and not a magistracy [personne, je crois, n'a jamais songé à voir dans le νομικός un magistrat], occurs four times indeed among the Christian inscriptions of Seleucia on the Calycadnus (*MAMA*, III, 136, 348 b, 544 a, 647, all funerary), but has not hitherto been recorded in Rough Cilicia : the presence of νομικοί, father and son, testifies to the culture of this remote city. The fees of the νομικός were regulated by the Edict of Diocletian (7, 72) ». Les éditeurs ajoutent encore en note : « The presence of *iuris periti*, father and son, at Ayasofya gives a touch of distinction to the city : its situation was wild, but not its manners ». Il y a là un porte-à-faux. Comme toutes les cités d'Asie Mineure, la cité d'Ayasofya a une vie à la grecque, une constitution grecque de l'époque romaine, un gymnase ; il serait intéressant de relever un signe de sa ' culture ', si une inscription mentionnait un poète, un professeur, un rhéteur, etc. (cf. mes réflexions sur la Lycaonie, *Hellenica*, XIII, 52-54). Mais le *nomikos* ne fait pas la philosophie du droit ni sa théorie ; c'est un juriste pratique, un homme de loi (comme ceux que nous appelons ' avoués ') ; il faut seulement conclure qu'il y avait des procès dans cette ville aussi. Sur le rôle des *nomikoi*, et spécialement en Asie Mineure, voir la discussion de W. Kunkel, *Herkunft und soziale Stellung der römischen Juristen* (Weimar, 1952), 267 sqq., 354-365, avec les observations *Bull. Épigr.* 1953, 30. Ce ne sont pas les textes du Bas-Empire qu'il faut rappeler avec les éditeurs ; pour le νομικός byzantin, cf. F. Dölger, *Paraspora*, 312. On rencontre quatre fois ce nom de métier, au IIe siècle, dans l'astrologue Vettius Valens (éd. Kroll, 1908), dans des contextes intéressants. Deux fois il figure dans des énumérations de métiers, p. 4, l. 12, et p. 74, l. 12 : γεωμέτραι, νομικοί, φιλόσοφοι ; p. 18, l. 13, ces gens sont qualifiés d'intelligents et on souligne leur extrême souci de précision : συνετῶν νομικῶν συνακριβούντων πάντα ; p. 78, l. 6, ces deux professions sont rapprochées, exactement comme dans le Tarif de Dioclétien : οἷον νομικοῦ ἢ δικολόγου.

1. *Anat. Studies*, 12 (1962), 190, n. 5 et Pl. XXXIII d. Voir ci-dessus 67.

Il ne me paraît pas croyable que ἐνδογονῆς soit une ' variante ' de ἐνδογενῆς. Quant à une erreur du lapicide, ce sera la seconde à supposer, puisqu'il y a déjà le ' nu ' superflu. D'autre part, je ne suis pas bien le raisonnement esquissé sur le statut de ces ' esclaves '. Ils s'appelleraient *Aurelius* et *Aurelia* parce qu'ils auraient été ' adoptés ' par Aurelius Anthestios ; mais alors pourquoi étaleraient-ils leur statut originel d'esclaves nés à la maison, qui n'est plus le leur, étant devenus citoyens romains ?

En réalité, Anthestius était mort — le mot μνήμης χάριν l'assure, l'inscription est un honneur posthume — avant de pouvoir adopter quelqu'un. Il avait « exercé les magistratures convenant à son âge » ; cela indique clairement qu'il n'avait pas l'âge d'homme, même s'il faisait partie du Conseil. D'autre part, les éditeurs ont entendu φιλοτεκνίας à contresens. La motivation μνήμης ne peut s'appliquer qu'aux survivants qui ont élevé la statue « en souvenir » ; ensuite φιλοτεκνίας ne s'applique dès lors qu'à eux : « et par affection pour leur enfant », — non pas, parce que le défunt aimait ses enfants[1]. Ainsi Aurelius Blandianus et Aurelia Mirasétianè ne sont pas les enfants adoptifs d'Aurelius Anthestius, mais ses parents. Cette parenté est exprimée ici, comme en tant d'autres inscriptions du même type, par les deux mots ο[ἱ] γονεῖς, « ses parents ».

Il reste maintenant 4 lettres à expliquer, — et non 3, car il est suspect de vouloir supprimer le ' nu ' ou telle autre lettre. De même que Blandianus portait un second nom, Κόνων, Mirasétianè s'appelait aussi Νενα̣[2].

4. *Un oracle à Syedra, les monnaies et le culte d'Arès.*

A Syedra, Bean et Mitford ont copié deux nouvelles inscriptions[3] et revu un milliaire retrouvé à quelque distance[4]. L'inscription honorifique n° 27 a été étudiée ci-dessus, 85. La première inscription, n° 26, pp. 21-23, est d'un grand intérêt, car c'est un oracle, composé de 13 vers à peu près intacts, 13 hexamètres, gravé sur un bloc. Les éditeurs l'ont transcrit ainsi :

1. Sur ces formules, cf. *Hellenica*, XIII, 39-41 ; p. 40, note 1, l'exemple de Pisidie *SEG*, II, 722 : τὸν δὲ ἀνδριάντα ἀνέστησεν Ἄννη Εὐήνου ἡ μήτηρ αὐτοῦ φιλοτεκνίας καὶ μνήμης χάριν.

2. Ce nom en Cilicie Trachée, à Sinabiç (sur l'identification de la ville antique, cf. *Hellenica*, XI-XII, 404, n. 8 ; pour l'onomastique, *Noms Indigènes*, 19, n. 3), Heberdey et Wilhelm, n. 190 : κὲ Νενα τῇ νύμφῃ (L. Zgusta, *Kleinas. Pers.*, n. 1024, 1) ; à Sidè, *Villes d'Asie Mineure*, 168 (cf. Zgusta, n. 1024, 3).

3. J. Keil et Ad. Wilhelm, *Jahreshefte*, 18 (1915), *Beiblatt*, 10, ont signalé qu'ils avaient copié à Syedra des inscriptions inédites.

4. Ce dernier, n° 28, était publié *IGR*, III, 826 et Paribeni-Romanelli, n° 106.

Πάμφυλοι Συεδρῆες ἐπίξυν[ον πάτριόν ? τ]ε
ναίοντες χθόνα παμμιγέων Ε...... ΑΤΑ φωτῶν,
Ἄρηος δείκηλον ἐναιμέος ἀνδροφόνοιο
στήσαντες μεσάτῳ πόλιος [κ]ά[ρ]ᾳ ἔρδετε θύσθλα,
δεσμοῖς Ἑρμείαο σιδηρείοις μιν ἔχοντες·
ἐγ δ' ἑτέροιο Δίκη σφε θεμιστεύουσα δικάζ[οι].
Αὐτὰρ ὁ λισσομένῳ ἴκελος πέλοι· ὧδε γ[ὰρ ὑ]μεῖν
ἔσσεται εἰρηναῖος, ἀνάρσιον ὄχλον ἐ[λά]σσας
τῆλε πάτρης, ὄρσει δὲ πολύλλιτον εὐοχθείαν.
Σὺν δὲ καὶ ὑμέες ἅπτεσθαι κρατεροῖο [π]όν[οι]ο,
ἢ σεύοντες ἢ ἐν δεσμοῖς ἀλύτοις πε[δ]όω[ντες],
μηδ' ὄκνῳ δόμεναι ληιστήρων τίσ[ι]ν αἰν[ήν].
Οὕτω γὰρ μάλα πᾶσαν ὑπεγδύσε[σθε κ]όλο[υσιν].

« We are indebted to Dr. Maresch for the supplement of line 1. ἐναιμής and εὐοχθεία are *addenda lexico* ».

Je crois éclairer un peu la discussion qui suivra en me risquant d'abord à une traduction de cet oracle et en y joignant déjà quelques observations sur tel ou tel mot.

« Pamphyliens de Syedra, qui habitez une terre...[1] d'hommes mélangés[2]..., ayant dressé une image d'Arès sanglant[3] et meurtrier au milieu de la ville, célébrez auprès d'elle[4] des sacrifices, la tenant

1. Le supplément πάτριον, même avec un point d'interrogation, me paraît vain, et ce sens, « ancestral », ne s'impose nullement ici. D'autre part je ne sais si le mot χθόνα, déterminé par le génitif παμμιγέων φωτῶν, doit l'être encore — ou peut l'être — par les deux adjectifs ἐπίξυνον πάτριόν τε. Que le vers se termine par un τε, j'en doute ; qui regardera la photographie, Pl. V 4 (cette inscription est la tête en bas, comme il peut arriver), dans quel état est l'inscription à la fin des lignes ; cette lecture d'un ' epsilon ' ne peut commander la restitution. L'adjectif ἐπίξυνος est emprunté à Homère — chose normale dans un oracle — et il ne semble attesté que par l'Iliade XII, 422 : pour un combat indécis, le poète le compare à la dispute de deux hommes qui luttent pour des bornes, μέτρ' ἐν χερσὶν ἔχοντες ἐπιξύνῳ ἐν ἀρούρῃ, | ὤ τ' ὀλίγῳ ἐνὶ χώρῳ ἐρίζητον περὶ ἴσης. Il me paraît clair que le compositeur de l'oracle n'a pas pris là le mot ἐπίξυνος pour l'insérer dans un autre contexte, mais qu'il a emprunté cette formule homérique dans son ensemble, et j'écris ici : ἐπιξύν[ῳ ἐν ἀρούρῃ] (sur une telle pierre, la confusion d'un ' epsilon ' et d'un ' êta ' est des plus faciles), ce qui convient aussi à la métrique et ce qui donne une construction irréprochable. Cette formule indique déjà une situation contestée et dangereuse. Naturellement ici ἄρουρα n'est pas ' le champ ', mais ' la région, le pays '. L'oracle delphique aux Magnètes *I. Magnesia,* 17, l. 31, leur recommande un guide Παμφύλων ἐπ' ἄρουραν ὑπὲρ Μυκάλης ὄρος αἰπύ ; dans l'oracle suivant, l. 41, sur ce guide : οὗτος καὶ δείξει χέρσου πολύπυρον ἄρουραν.

2. Le nom des ' Pamphyliens ' évoque nécessairement l'idée de ' variété et mélange ' (πάμφυλος πόλις, π. ἔθνος, etc.) ; il appelle facilement un adjectif comme παμμιγής. Ce vers d'introduction, lui aussi, attire aussitôt l'attention sur la confusion et le danger de la situation ; les gens de la province sont ' mêlés ' ; il y a de tout, du mauvais comme du bon.

3. Si ἐναιμής est nouveau, on a ἔναιμος, ἐναιμήεις.

4. Je ne comprends pas le mot κάρᾳ (au datif) introduit par les éditeurs. Il me semble simple de retrouver [π]α[ρ]ά, « à côté ».

par les liens de fer d'Hermès[1] ; de l'autre côté, que Dikè, rendant la justice, le juge et qu'il ressemble à un suppliant. Car ainsi il sera pour vous pacifique, ayant chassé la horde ennemie loin de votre patrie, et il fera surgir l'abondance[2] implorée. Mais vous aussi en même temps prenez part à l'effort vigoureux[3], soit en les chassant soit en les enchaînant de liens et ne donnez pas par crainte...[4]. Car c'est ainsi que vous échapperez à toute mutilation[5] ».

D'après l'écriture, les éditeurs placeraient cet oracle à une date relativement basse, — peut-être « the early Empire »[6]. « Pourtant la paléographie n'est pas ici décisive ; car un document important pour Syedra, dans une position si exposée, peut très bien avoir été regravé postérieurement. Qu'il en fut ainsi en fait ne paraîtrait pas improbable en considérant le contenu de l'inscription. Que Syedra ait reçu cette instruction oraculaire comme cité indépendante semble une conclusion inévitable : des communautés soumises à un proconsul romain ne demandent pas un avis divin sur des questions de politique étrangère, — et elles n'avaient pas à recevoir l'avis d'entrer en campagne ». Les éditeurs se décideraient pour l'époque de César et des Triumvirs[7].

Est-il assuré qu'il s'agisse de ' politique étrangère ' et d'une

1. On entendrait bien un génitif absolu : Ἑρμείαο μιν ἔχοντος. La pierre semble bien donner un ' epsilon '. On aimerait qu'on pût lire ἔχοντος : « Hermès le tenant par des liens de fer ».

2. Les éditeurs ont relevé que le substantif εὐοχθεία était nouveau. Mais le groupe est bien attesté : εὔοχθος, εὐοχθεῖν. Quelle qu'en soit l'étymologie (cf. H. Frisk, *Gr. Etym. Wörterbuch*, s. v. ; 1958), ces mots évoquent l'abondance des banquets (Bacchylide, δαῖτας εὐόχθους ; Euripide, στεφάνοισι κοσμηθέντες εὐόχθου βορᾶς ψυχὴν ἐπλήρουν) ; depuis Hésiode, c'est la bonne vie, à l'abri du besoin (*Trav.*, 477) : εὐοχθέων δ' ἵξεαι πολιὸν ἔαρ ; on aura subsisté tranquillement tout l'hiver, on aura, avec les riches provisions de la moisson, « fait la soudure ».

3. Πόνος, et avec κρατερός, a ici le sens très fort de « effort de combats, combat ».

4. Je ne traduis pas encore ce vers difficile ; voir ci-après.

5. « The oracle ends with the promise that « thus you will escape all humiliation ». Other restorations that [κ]όλο[υσιν] may indeed be possible, but the choice is limited ». On aimerait d'autant mieux savoir quels sont, aux yeux des éditeurs, les choix possibles. Je ne vois pas comment on peut traduire κόλουσις par ' humiliation, affront '. J'ai donné ci-dessus la traduction du mot qui me semble imposée ; elle peut convenir à la situation qu'indique le contexte ; mais je ne m'engage nullement pour cette restitution.

6. La forme du ' xi ' est sans doute la plus caractéristique.

7. Ils prennent appui sur divers repères. Les villes de Pamphylie étaient libres quand Lucullus en tirait des vaisseaux, en 86. Syedra a dû partager le sort de Corakésion, qui était en 66 la capitale du pirate Tryphon. La campagne de Pompée en 66 fut trop brève et trop efficace pour avoir été l'occasion de l'oracle. Par élimination, on pense à la période antérieure à 86 ou plus probablement à celle de César et des Triumvirs ; car il n'y a pas de document sur l'existence de Syedra avant le milieu du Iᵉʳ siècle a. C., avec le passage de Pompée fugitif (Lucain, VIII, 260 : *parvis Syedris*). « C'est difficilement une preuve de son statut de cité ; Syedra, en fait, est inconnue à Strabon, à Pline et au Stadiasme, étant attestée seulement par Ptolémée et un monnayage qui commence avec Tibère ». Pour ce dernier, renvoi à *BMC Cilicia*, p. xxxvi, c'est-à-dire à l'introduction du catalogue.

guerre[1] ? Les mots λῃστῆρες, ἀνάρσιος ὄχλος, pourraient s'appliquer à des pillards ; la mer et la rude montagne sont là, à côté. Le brigandage a dû se ranimer facilement même en des périodes de paix. Les brigands d'Apulée et des autres romans ne sont pas un thème littéraire en dehors de la réalité et, sous l'Empire, les officiers de police des cités, irénarques et paraphylaques, avec leurs ' diogmites ', comme les ' stationarii ' des postes romains, ne sont pas inoccupés, et spécialement en bordure de la montagne[2] ; la Cilicie Trachée se prêtait aux exploits des bandes. Sous les Sévères sans doute, un stratège rhodien, chargé de la Chersonèse de Carie, avait à saisir et à livrer au châtiment une bande de pirates[3]. L'oracle conseille de se défendre, de chasser les brigands et de les faire prisonniers ; on pouvait naturellement craindre des représailles cruelles et ne pas riposter aux agressions, éviter de procéder à des arrestations. Ce n'est donc pas une base inébranlable pour la datation. Certes, le texte a pu être recopié ; on en trouvera une raison plus loin.

Ce qui peut orienter l'esprit vers une période de ' guerre ', c'est peut-être le vers 12, assez obscur. Les éditeurs ont commenté :

« NAIN is clear, ΤΙΣ at least highly probable. Our restoration τ̣ί̣σ̣[ι]ν αἰν[ήν] — « do not by shrinking from the pirates », and so allowing them to harry you, « pay a terrible penalty » — is clearly preferable to τισ[ὶ]ν αἶν[ον] — « do not by shrinking give any of the pirates glory ».

Le mot τίσιν (accusatif) va bien avec δόμεναι. Mais le sens n'en peut être, je pense, que ' subir un châtiment ', — et non pas ' subir un dommage ' parce qu'on se laisse piller sans se défendre. Il s'agirait donc, pour les Syédriens, d'être ' punis '. Ce serait parce qu'ils ont eu peur, ὄκνῳ ; à ce dernier mot les éditeurs ont rattaché le génitif λῃιστήρων, ce qui est aisé : « par crainte des pirates ». Mais, si l'on comprend bien δόμεναι τίσιν, il ne paraît pas moins indiqué de rattacher le complément λῃιστήρων à δόμεναι τίσιν, « subir le terrible châtiment des pirates », celui qui est infligé aux pirates. Je crois qu'il y a là une construction ἀπὸ κοινοῦ, normale en grec et qui convient si bien à la discrétion des avis oraculaires : n'allez pas par crainte des pirates subir le châtiment des pirates. C'est dire que les Syédriens, ne se défendant pas

1. « The war is not over ».

2. Cf. M. Rostovtzeff, *Ges. und Wirtschaft im röm. Reiche,* II, 361-362 et mes études sur la police et les brigands en Asie Mineure à l'époque impériale : *Études Anatoliennes,* 96-108 (cf. *Bull. Épigr.* 1942, 159 ; *La Carie,* II, 42 ; *Hellenica,* X, 174-176 ; *Villes d'Asie Mineure*², 268 ; 323, n. 1). Il s'agit surtout de la fin du IIe siècle et du IIIe siècle.

3. *Bull. Épigr.* 1946-47, 156 : τοῖς πλέουσι ἀσφάλιαν καὶ ἀφοβίαν παρέσχε, συνλαβὼν καὶ παραδοὺς ποτὶ κ[ό]λασιν τὸ συστὰν κατὰ θάλασσαν πιρατικὸν λῃστήριον.

contre les pirates, risquent d'être traités comme leurs complices et leurs alliés. Tel est le sort des populations qui composent avec les pirates et les laissent s'installer[1] ; Phasélis et Olympos furent prises et détruites par P. Servilius Isauricus[2]. Dès lors, c'est bien à la grande époque de la piraterie dans cette mer que l'on placerait l'oracle, au Iᵉʳ siècle a. C.

Sur la représentation des dieux et sur l'origine de l'oracle, les éditeurs ont émis les considérations suivantes (je traduis) :

« Qu'Arès, dieu olympien, soit représenté en humiliation est remarquable. Une statue divine était souvent enchaînée, mais seulement pour prévenir la fuite de la divinité ; et pour la représentation de la punition d'un dieu, nous pouvons rappeler seulement le fouettage de la statue de Pan en Arcadie, si le sacrifice était pauvre (schol. à Théocrite, VII, 108). L'oracle consulté par Syedra peut difficilement avoir été situé « in the Greek homelands » ; nous soupçonnons un fond Anatolien à ce groupe de statues[3] ».

Ce qu'il y a à dire là-dessus est tout différent, si l'on sait rechercher les documents à rapprocher ; on peut à la fois déterminer l'origine de l'oracle grec d'où émane l'inscription de Syedra et avoir devant les yeux le groupe des statues de Syedra, dont on peut apprécier la composition et les détails[4].

Dans le volume même que les savants voyageurs ont eu à utiliser à tout moment et qu'ils auraient dû utiliser encore davantage, comme on l'a vu ci-dessus[5], à savoir les *Reisen in Kilikien* de R. Heberdey et Ad. Wilhelm, publié en 1896[6], dans la dernière

1. Cf. *Hellenica*, XI-XII, 274, pour les pirates de l'île Leukè et les habitants. Des contacts avec les pirates venait la mauvaise réputation de Sidè. L'enchaînement est bien indiqué par Cicéron pour Phasélis, II, 4, 21 : *Phaselis illa, quam cepit P. Seruilius, non fuerat urbs antea Cilicum atque praedonum. Lycii illam Graeci homines incolebant. Sed quod erat eiusmodi loco atque ita proiecta in altum ut et exeuntes e Cilicia praedones saepe ad eam necessario devenirent et, cum se ex hisce locis reciperent, eodem deferrentur, adsciuerunt sibi illud oppidum piratae primo commercio, deinde etiam societate ;* de même, continue-t-il, les Mamertins étaient honnêtes autrefois ; ils devinrent pour Verrès, « le brigand et pirate Sicilien », ' une Phasélis ' (§ 22-23), et il énumère leurs services de recéleurs, de chez qui sont embarqués les objets volés.

2. Voir notamment O. Benndorf, *Festschrift Otto Hirschfeld* (1903), 85 ; E. Ziebarth, *Beiträge zur Geschichte des Seeraubs* (1929), 34-35 ; E. Kalinka, *TAM*, II, pp. 382 et 416. Lucain, VIII, dans l'itinéraire de Pompée de Pharsale à l'Égypte, mentionne l'arrêt à *parva Phaselis*, v. 251-254, arrêt sans danger : *nam te metui vetat incola rarus, | exhaustaeque domus populis ; maiorque carinae | quam tua turba fuit ;* bon effet rhétorique. Mais rien n'autorise à supposer (ainsi F. Miltner dans *PW* s. v. *Pompeius*, 2201), que c'est pour un effet de rhétorique que Lucain aurait imaginé un arrêt de Pompée à Phasélis. L'escale est tout à fait naturelle.

3. Page 23 ; cf. p. 22 : « the Syedrans, harassed by the activities of the pirates, having asked some god's advice ».

4. L'histoire de la statue de Pan en Arcadie n'a rien à voir ici. Elle est d'ailleurs mal présentée par ces commentateurs.

5. Pour αἰώνιος ; ici p. 83.

6. Je rappelle ici l'indication bibliographique complète : *Denkschriften Akad. Wiss. Wien, Philos. hist. Classe,* 94, VI.

section *Durch Lykaonien und Phrygien*, sur le chemin du retour les deux savants ont publié deux inscriptions d'Iconium. R. Heberdey a présenté ainsi la seconde, p. 161, nº 267, dont il a donné un fac-similé soigneux.

« Dans une cour, un bloc de calcaire, long de 1.73 m., haut de 0.24 m., retaillé en haut et en bas, employé comme marche d'escalier. En une écriture profondément gravée, qui montre encore de la couleur rouge, il porte les lignes suivantes appartenant à un oracle ».

αἵ τ' εἰσιν πόλεων κηδημόνες ἠδ' ὀλέτειραι ·
Ἑρμείην δὲ Ἀργειφόντην Θεσμόν τε τίοντες
ὧν ὑμεῖν χρειὼ μεγαλοίμια (?) ἀγάλματα τεῦξαι
στῆσα[ί] τε ἀμφ' Ἄρεως ἑκάτερθεν δεικήλωι.

Je traduis : « ... qui sont les protectrices et les destructrices des cités ; honorant Hermès Argeiphontès et la Loi, dont il vous faut faire des statues...[1] et les dresser autour de l'image d'Arès, de chaque côté ».

J'ai attribué, il y a quelques années, cet oracle à Claros[2]. En effet, la ville d'Iconium fut une cliente fidèle de cet oracle et toute une série d'inscriptions de Claros donne la composition des délégations d'Iconium venues consulter l'oracle officiellement. L'une a été connue dès 1880[3] ; deux autres ont été trouvées aux Propylées (Tripylon) par Ch. Picard[4] ; j'en ai identifié une autre encore dans un fragment publié en 1912[5] ; depuis lors, la fouille du temple et de la Voie Sacrée en a fourni au moins 7 autres[6].

La prescription de l'oracle à Iconium est la même que celle de l'oracle à Syedra. Dans les deux cas, la cité devra ériger ce groupe, singulier et original, du dieu Arès encadré par Hermès et par la Justice ou la Loi (Dikè, Thesmos comme Thémis). Dans le premier vers conservé à Iconium, il était question des divinités qui protègent

1. Je ne comprends pas plus ce mot ou ce groupe que les éditeurs.
2. *Hellenica*, XI-XII (1960), 546, note 1 (enregistré *Bull. Épigr.* 1961, 716, avec une précision).
3. A. Fontrier, *Mouseion Smyrn.*, 3 (1880), 129, n. 170 (B. Haussoullier, *Rev. Phil.* 1898, 261, n. 5) ; Th. Macridy, *Jahreshefte*, 8 (1905), 168, nº V, 2 (*IGR*, IV, 1589).
4. *Éphèse et Claros* (1922), 699.
5. *Études épigr. philol.* (1938), 147-150. Le texte était publié par Th. Macridy, *Jahreshefte*, 15 (1912), 56, n. 33, reproduit *IGR*, IV, 1590. J'ai reconnu dans ce texte l'éponymie à Colophon de l'empereur Hadrien, comme dans un autre d'Iconion celle de l'empereur Lucius Aelius Caesar. Confirmé *Rev. Phil.* 1959, 212-213.
6. Parmi elles un fragment aux Propylées. La ville signalée comme cliente de Claros d'après les nouvelles trouvailles dans *Les fouilles de Claros* (1954), 25, et les divers rapports annuels (*Annuaire du Collège de France*, *Türk Tarih Kurumu Dergisi*, *Anat. Stud.*, *Am. J. Arch.*). Les diverses formules sont : Εἰκονέων, Εἰκονέων Κολώνων, Κολωνίας Εἰκονίου, Κολωνείας Αἰλίας Εἰκονίου Ἁδριανῆς, Εἰκονέων Κολωνίας. Sur l'intérêt de l'onomastique, cf. *Hellenica*, XIII, 22, n. 4 et 67. L'anthroponymie nous permettra sans doute d'attribuer à Iconion plusieurs autres fragments de Claros.

les cités et de celles qui les perdent, ce dernier mot étant une allusion à Arès. Dès lors, l'oracle à Syedra émanait lui aussi de Claros, et cela correspond bien à ce que l'on sait de la distribution géographique de la clientèle de cet oracle ionien[1].

Iconium reçut une réponse semblable à celle qu'obtint Syedra, car sa situation dans la géographie politique était analogue. En bordure de la montagne et des populations pisidiennes et isauriennes, elle était elle aussi exposée aux raids des pillards et, plus tard, elle sera menacée par les Isauriens[2]. Servilius Isauricus conquit les montagnes de Pisidie qui dominent Iconion, le pays des Orondiens[3].

Il faut d'autre part considérer une autre classe de documents que les inscriptions. Si l'épigraphie est science de l'antiquité, et non point sport à la recherche des pierres inscrites, un savant qui étudie les inscriptions d'une contrée ne peut se dispenser d'avoir l'œil sur les monnaies, de faire attention aux trouvailles[4] et d'abord d'avoir regardé, soit avant son voyage, soit, en tout cas, quand il prépare la publication de sa récolte épigraphique, au moins quelques catalogues l'instruisant des types des monnaies, avec ce qu'ils apprennent sur les cultes ou sur l'histoire. Le monnayage de Syedra commence à Tibère et il se prolonge jusqu'à la fin du monnayage des cités grecques, sous Gallien. Le type assurément le plus remarquable — et qui frappe celui qui a seulement feuilleté un catalogue de monnaies, et qui ne se trouve d'ailleurs nulle part ailleurs dans la numismatique, — consiste en un groupe de trois personnages, à savoir Arès au centre, Hermès à droite et une femme à gauche. On le trouve sous Lucius Verus[5], Dèce[6] et sa femme Herennia Etruscilla[7], Valérien le Père[8], Gallien[9].

1. Cf. la brochure *Les fouilles de Claros* (1954), 25. Claros est, jusqu'ici, la plus lointaine des relations de Syedra, et la nécessité de consulter l'oracle fameux explique assez le voyage. Au point de vue des relations de Syedra, je ne puis citer que les honneurs rendus par la ville, à Termessos, à un illustre citoyen de cette ville qui avait été *curator civitatis* de Syedra, *TAM*, III, 130 : Ἡ Συεδρέων πόλις ἱερέα Διὸς Σολυμέως διὰ βίου Τι(βέριον) Κλ(αύδιον) Τειμόδωρον, τὸν ἀξιολογώτατον λογιστήν, εὐνοίας ἕνεκεν, — et la femme de Syedra Θεοδώρα Νουμεριανοῦ Συέδρισσα, qui éleva à Olympos de Lycie un sarcophage pour elle et pour son mari défunt, un Isaurien (Αἴλιος Τήλεφος Ἴσαυρος), ' bénéficiaire ' au poste de gendarmerie (*TAM*, II, 1165 ; cf. *Hellenica*, X, 174-176). Pour deux monnaies de Syedra à Sidè, voir ci-dessus 45, note 6.

2. Cf. Ammien Marcellin, XIV, 2, 1.

3. Sur cette campagne, cf. surtout H. A. Ormerod, *JRS* 1922, 35-56 ; sur son point de départ, cf. R. Syme, *Anat. Studies Buckler*, 300, n. 4 ; sur les résultats, bibliographie dans *Hellenica*, VI, 41, n. 1 ; sur le pays des Orondiens, cf. *Hellenica*, XIII, 74-87.

4. Voir ci-dessus 70-71.

5. *Inv. Waddington*, 4534. Ici Pl. XIV.

6. *Inv. Waddington*, 4539. Ici Pl. XIV.

7. *Cat. Prowe* 1914, 2248.

8. *BMC Cilicia*, p. 159, n. 12, Pl. XXVII 12 ; *Cat. Rhousopoulos*, 4363 (*Cat. Consul Weber*, 3887) ; *Fitzwilliam Mus.*, 9090, Pl. 328, 2.

9. *BMC Cilicia*, p. 159, n. 14 et 15 ; *Inv. Waddington*, 4544 ; *Weber Coll.*, 7611, Pl. 275 ; *Danish Mus. Cilicia*, 253, Pl. 10.

Les planches XIV à XVI en donnent ici des exemplaires de Paris et de Berlin, certains en agrandissement[1].

Les numismates ont nommé la femme Aphrodite avec une belle constance ; c'est parce que tel fut le nom prononcé déjà par Mionnet[2]. Mais il n'y a aucune raison à cela, rien dans la représentation de la déesse ; simplement elle est avec Arès, mais non point en compagne ; il y a aussi Hermès, ce qui change tout. Mon lecteur a déjà compris que cette femme, c'est la Dikè de l'oracle à Syedra, la Thesmos de l'oracle à Iconium. On a toujours dit que les trois divinités étaient « côte à côte » ; ce qui est vrai. Mais on voit, si l'on examine de près les images et leurs agrandissements, qu'Hermès tient la main droite derrière Arès ; on comprend maintenant qu'il le tient enchaîné au poignet, comme un gendarme conduit un prisonnier. Quant à Dikè, elle se retourne toujours ostensiblement vers le dieu de la guerre ; on comprend maintenant qu'' elle le juge ', comme disait l'oracle ; elle lui dicte un ordre, un jugement. D'autre part, il est un fait que l'on n'avait pas remarqué. ' Arès ', a-t-on dit ; certes, il en a le casque et la cuirasse, mais il n'a ni l'épée ni le bouclier. Si le dieu avait été représenté sans intention spéciale, dieu adoré au milieu des deux autres divinités, et tenant la place centrale, on l'eût assurément figuré avec ses armes. Dans le groupe, Arès est désarmé ; Hermès et Dikè ont entre eux un prisonnier, à qui Dikè énonce le jugement. Cela ne vaut pas mieux que d'être suppliant. Cette neutralisation du dieu de la guerre, conseillée par l'oracle de Claros, paraît assez logique et je ne vois pas pourquoi elle aurait paru inouïe dans le cerveau d'un Grec. Voilà d'ailleurs bien des siècles qu'en Grèce les humains, comme les dieux, riaient d'une mésaventure du ' dieu olympien ' Arès, qu'Héphaistos avait emprisonné dans les δεσμοὺς ἀρρήκτους, ἀλύτους, qu'il avait forgés (*Odyss.*, VIII, 274-275), ἐν δεσμοῖσι κρατεροῖσι (*ib.*, 336 ; 360)[3]. Les fils d'Éphialte avaient tenu Arès treize mois lié dans une jarre en bronze, δῆσαν κρατερῷ ἐνὶ δεσμῷ (*Il.*, V, 385 sqq.)[4].

Ces monnaies nous font connaître très exactement le groupe de statues qui fut élevé selon l'ordre de l'oracle de Claros « au milieu de la ville »[5]. L'oracle n'est pas postérieur à Lucius Verus. Fut-il

1. Ces derniers sur la planche XVI.

2. Il n'y a aucune exception et jamais un point d'interrogation. Aussi dans Head, *Hist. Num.*² (1911), 729 : « Aphrodite with Ares and Hermes ».

3. Cf. A. Severyns, *Les dieux d'Homère* (1966), 25.

4. Cf. *ibid.*, 20.

5. L'oracle de Claros rendu à Kaisareia Trochetta en Lydie ordonnait de dresser une statue d'Apollon au milieu de la plaine : αὐτὰρ ἐντύνεσθε Φοῖβον μέσσον ἱδρῦσαι πέδου | τῇ μὲν ἀμπαφῶντα [τόξον] (K. Buresch, *Klaros*, p. 11, C, v. 8-9 ; J. Keil et A. von Premerstein, *I*ᵉ *Reise*, n. 16). L'oracle décrivait exactement comment Apollon devait être représenté.

rendu juste à ce moment, en une époque de grande renommée de Claros ? Cette période ne connaissait pas de grands troubles. Si le type n'était apparu que sous Dèce ou Gallien, on aurait pensé aux incursions des Isauriens. D'autre part, l'apparition du groupe sur les monnaies peut-elle avoir coïncidé avec son érection sur le conseil de l'oracle ? Il doit s'agir plutôt d'un monument capital de la ville, toujours conservé, et reproduit sans raison précise. La présence de ce monument ' au centre de la ville ' peut expliquer qu'on ait eu l'occasion de regraver à quelque moment l'inscription qui en ordonnait l'érection.

Ainsi les monnaies et les inscriptions — les deux oracles de Claros à Syedra et à Iconium — se complètent et s'éclairent les unes les autres. L'épigraphiste qui ne regarde pas une monnaie se ferme à lui-même l'interprétation des inscriptions qu'il copie. Le type monétaire décrit par les catalogues reçoit du rapprochement d'une inscription son interprétation exacte, qui ne pouvait, je crois, être établie par la seule analyse de l'image. J'ose penser qu'il n'était pas difficile, avec les publications dont on dispose, d'étudier les monnaies de Syedra — ce n'est pas un monde ! — en même temps que les deux ou trois dizaines d'inscriptions copiées sur le site. Il n'est pas difficile même d'étudier tout le monnayage des villes de la Cilicie Trachée en même temps que l'épigraphie[1]. Dira-t-on bientôt qu'il faudrait pour cela ' constituer une équipe ', ' organiser un groupe de travail ', ' créer un laboratoire et une bibliothèque ' ? Il ne faut point nier que cela n'arrive un jour, si progressent d'un même pas le manque de curiosité et l'enflure organisatrice des prétentions ignorantes.

Les monnaies de Syedra font connaître aussi le type d'Arès seul, non point encadré de ses deux dieux-remèdes, mais dans sa posture de guerrier. Cette fois, il tient l'épée et il s'appuie sur le bouclier[2]. C'est toujours un problème que d'identifier correctement sur une monnaie la figure d'un guerrier ; le guerrier en hoplite[3] peut

1. Cf. *Bull. Épigr.* 1959, 455.

2. Le dieu debout : Maxime, *Danish Mus. Cilicia*, 250, Pl. 10 ; — Valérien : *Inv. Waddington*, 4541 ; — Salonine : *BMC Cilicia*, p. 160, n. 19 ; *Danish Mus. Cilicia*, 256, Pl. 10. — Le dieu assis : Maxime, *Inv. Waddington*, 4535 ; — Salonine, *BMC*, p. 160, n. 17-18, Pl. XXVII 13 ; — Gallien : *BMC*, n. 13 ; *Inv. Waddington*, 4543 ; *Cat. Consul Weber*, 3887 *b*; *Fitzwilliam Mus.*, 9091, Pl. 328 ; *Danish Mus.*, 252, Pl. 10.

3. Il n'en va pas de même si le guerrier est armé autrement. Ainsi pour le guerrier de Mastaura avec bouclier et double hache, qui est le héros Mastauros ; cf. *Gnomon* 1959, 671. C'est à tort qu'Edith Schönert, *Die Münzprägung von Perinthos* (Berlin, 1965), après d'autres, appelle Arès, sur des monnaies impériales de cette ville, n. 431, 780, 826 (cf. p. 57), un personnage qui n'est pas un hoplite, mais qui est nu, soit avec le bouclier (n. 826), soit avec casque, chlamyde, épieu et arc, « ein für Ares ungewöhnliches Attribut », et elle y verrait le dieu ' thrace '. Je montrerai qu'il s'agit du héros Périnthos. Le rapprochement de deux types, avec le même coin du droit, sous Sévère Alexandre, n. 780 (le pseudo-Arès, nu, avec l'épieu, l'arc et la chlamyde), et n. 781

être Arès ou bien un héros fondateur. Ce sont des témoignages sur les cultes de ces villes qui trancheront la question et qui assureront en certains cas l'identification d'Arès ; l'on pourra alors dresser la carte de ce culte en Asie Mineure[1].

Nous avons maintenant cette chance à Syedra. D'autre part, dans le monnayage des villes de la Cilicie Trachée et de la Pisidie Orientale, le même type apparaît dans deux villes, à Laertès[2] et à Lyrbè[3], et, je crois, dans ces deux villes seules[4]. Comme Laertès était proche de Syedra[5], et que Lyrbè, non identifiée, était dans la région pamphylo-cilicienne[6], je conclus que le guerrier de ces monnaies était certainement Arès, et nous avons là un lien intéressant dans le monnayage, comme dans les cultes, de trois cités de cette région.

(Héraclès serrant la main au héros nu, avec chlamyde, justement identifié, p. 54, comme Périnthos) est décisif.

1. Voir provisoirement sur le culte d'Arès en Asie Mineure et sur les conditions nécessaires pour identifier le dieu sur les monnaies, *Hellenica*, VII, 69-73 (pour Kyaneai en Lycie et Métropolis d'Ionie) ; X, 72-78 ; XIII, 43-44 (pour Savatra). Je traiterai prochainement de Sillyon, en attendant l'étude générale.

2. Avec Etruscilla, femme de Dèce : Imhoof-Blumer, *Kleinas. Münzen*, II, 464, n. 4 (coll. Löbbecke ; maintenant au Cabinet de Berlin) ; *Cat. Rhousopoulos*, 4335, Pl. LII ; *Cat. Prowe* 1914, 2195, Pl. XXXVI. — Avec Valérien : *BMC Cilicia*, p. 91, n. 5, Pl. XV 6 ; *Inv. Waddington*, 4341.

3. Marc Aurèle : *Inv. Waddington*, 4342 ; — Gordien III : *BMC Cilicia*, 93, n. 4 ; *Inv. Waddington*, 4348 ; *Weber Coll.*, 7560, Pl. 272 ; *Cat. Rhousopoulos*, 4337-4338 (*Cat. Consul Weber*, 3846) ; — Tranquilline : Waddington, *Voyage num.*, 101-102 (*Inv. Waddington*, 4350).

4. Ainsi à Kasai on a, sous Gordien, un héros nu s'appuyant sur sa lance (*Inv. Waddington*, 4200), non un Arès.

5. Pour l'identification avec la ville du Cebelireş Dağı, voir ci-dessus 59, n. 3.

6. Cf. W. Ruge, *PW* s. v. *Lyrbe* (1927) (l'article de G. Radet, *Rev. Ét. Anc.* 1910, 365-372, ne tient pas) ; J. Keil, *Jahreshefte*, 23, *Beiblatt*, 90, n. 2 ; 92, n. 4 ; L. R., *Villes d'Asie Mineure*[2], 145, n. 2 ; 146, n. 2. Voir ci-dessus 62, 100.

VI. INSCRIPTION D'UN ATHLÈTE A SÉLEUCIE DU CALYCADNOS

L'inscription suivante est conservée à Silifke, la ville moderne qui a succédé à Séleucie du Calycadnos, dans la cour de la ' Cumhuriyet okulu ', c'est-à-dire ' École de la République ', contre le mur d'enceinte. Nous l'y avons copiée, Jeanne Robert et moi, en septembre 1962 ; nous l'avons revue et nous avons pris un estampage en septembre 1964[1]. C'est une base haute d'environ 1 mètre[2] ; le corps a une largeur de 55 cm., une épaisseur de 54 cm. De l'autre côté fut gravée postérieurement une inscription latine en l'honneur d'un empereur de la Tétrarchie, Valerius Maximianus.

Lors de notre premier voyage, le directeur de l'école put nous dire que cette lourde base avait été trouvée sur place, dans la cour même de l'école[3]. On est là proche du temple dont est conservée intacte une colonne corinthienne[4]. C'est exactement au même endroit que J. Keil et Ad. Wilhelm, en 1914 et 1925, avaient vu des colonnes de marbre appartenant à une avenue à portiques ou à un portique double[5]. Notre base, avec ses deux inscriptions, ferait penser volontiers que l'on est sur l'emplacement de l'Agora.

A notre second voyage, le personnel de l'école avait changé. On ne savait plus rien du lieu de trouvaille de la base. Nous étions devenus les seuls dépositaires de ce renseignement très important pour la topographie[6]. Cela peut prêter à certaines réflexions sur ces petits dépôts.

1. Cf. *Annuaire du Collège de France, 63e année* (1963), 347-348 ; *ibid., 65e année* (1965), 400.

2. Le bas n'était pas visible ; nous avons mesuré 85 cm.

3. Cf. *Annuaire* 1963, 347-348.

4. Voir Ad. Wilhelm, *Reisen in Kilikien* (1896), 102-103, avec la bibliographie des observations et des relevés antérieurs ; cf. *MAMA*, III, pp. 7-8, avec le plan fig. 13, p. 7.

5. *MAMA*, III, p. 7 : « Im Hofe der Schule im Mittelpunkte des Stadtgebietes sind bei Nachgrabungen mehrere Marmorsäulen zutage gekommen, die entweder zu einer Hallenstrasse oder zu einer doppelten Säulenhalle zu gehören scheinen. Sie standen aber bei unserm Besuch nicht mehr genau in situ und konnten daher auch auf dem Plan nur annähernd richtig eingezeichnet werden ». Le plan général de la ville, Pl. 3, montre bien qu'il s'agit de notre école et de son mur d'enclos sud, contre la rue, exactement là où se trouve la nouvelle base. La fouille de la cour de l'école serait assurément fructueuse.

6. Pour la topographie de Séleucie, je donnerai, dans *En Asie Mineure*, des vues

L'inscription, gravée en lettres de 2 cm., se lit ainsi. Photographie de l'estampage, Pl. VII.

[Ἡ β]ουλὴ καὶ ὁ δῆμο[ς ἐτείμη]-
[σαν] Πο. Αἴλιον Ἡλιόδωρον πα[ρά]-
[δό]ξον πανκρατιαστήν, ξυστάρχ[ην]
4 [τῶ]ν ἐν Λακεδαίμονι ἀγώνων,
[νι]κήσαντα Ὀλύμπεια τὰ ἐν Ἀ-
[θή]ναις, Ἀντιόχειαν τὸν Εὐκρατια-
[νὸ]ν β', Ἀλεξάνδρειαν, Σμύρναν,
8 [Ἄλ]ια τὰ ἐν Ῥόδῳ ἀνδρῶν πανκράτιν,
Πέργαμον, Ἔφεσον Βαρβίλλεια,
Ἐφέσαια τὰ μεγάλα, Νέαν Πόλιν,
Ποτιόλους Εὐσέβεια δίς, τὴν ἐν Ἄργε[ι]
12 ἀσπίδα, Καισάρεια ἐν Ἰσθμῷ δίς, Λακε-
δαίμονα πάλην πανκράτην, Θήβας πά-
λην πανκράτην, Τράλλεις πάλην πα[ν]-
κράτην, Ἴσθμια καὶ Νέμια ἱερὰν
16 ἀνδρῶν πανκράτην, καὶ ἄλλους
ἀγῶνας ταλαντιαίους λς'
Τάρσον γ'

L. 2, l'omicron '' est gravé à l'intérieur des jambes du ' pi '. — On notera des vulgarismes : le mot παγκράτιον n'est jamais gravé dans son orthographe classique, mais avec la forme πανκράτιν (l. 8), et même, comme équivalent phonétique de πανκράτιν, πανκράτην (l. 13, 14, 15, 16). L. 10, la graphie Ἐφέσαια transcrit Ἐφέσηα, qui est le classique Ἐφέσεια. — Au début de la ligne 16, on constate une intéressante particularité de gravure. Dans le mot ἀνδρῶν, les trois premières lettres sont gravées plus petites et dans la partie inférieure de la ligne ; c'est qu'elles doivent loger là où on avait gravé deux lettres, qui ont été effacées, mais mal, et que l'on voit encore très nettement : le graveur avait écrit ἱερῶν ; il y avait manifestement été entraîné par le mot précédent, à savoir ἱεράν.

Le lutteur et pancratiaste Héliodôros était citoyen de Séleucie. En effet, il ne porte pas d'ethnique dans cette inscription honorifique de Séleucie. Cette ville a élevé la statue d'un de ses enfants assez glorieux dans l'athlétisme.

La date ne se déduit pas de l'écriture, aux formes assez tardives ; celle-ci sera à apprécier au contraire d'après la date approximative fixée d'après le contenu. Publius Aelius Héliodôros avait obtenu le droit de cité romaine de l'empereur Hadrien, qui lui donna certainement aussi la xystarchie[1]. Deux des victoires donnent

du fleuve et de la citadelle, ces dernières prises de points opposés, et des vues de la vallée du Calycadnos avec ses oliviers (cf. *Annuaire*, 1965, 400).

1. Comme par exemple Publius Aelius Aristomachos de Magnésie du Méandre,

aussi un ' terminus post quem ' : les Olympia d'Athènes furent instituées par Hadrien[1], — la mention ' Potioloi ' (Pouzzoles) indique les Eusebeia, créés dans cette ville en l'honneur d'Hadrien défunt par Antonin le Pieux au début de son règne[2]. L'inscription est donc postérieure au moins à 140[3].

Héliodôros n'était pas un athlète du premier rang. Il n'a que le mince titre de ' paradoxos '[4]. Il ne fut pas vainqueur à Olympie, ni à Delphes, ni à Rome aux Capitolia, ni aux Actia de Nicopolis. Parmi les concours de ' la période ', il ne mentionne que les Isthmia et les Nemeia (l. 15). Or, ce n'est même pas pour proclamer qu'il y fut vainqueur ; il y a fait seulement ' match nul ', ce que signifie ἱεράν[5]. Un autre pancratiaste qui reçut le droit de cité d'Hadrien, Publius Aelius Aristomachos de Magnésie du Méandre, se glorifiait au contraire de n'avoir jamais fait match nul : μήτε ἱεράν ποτε ποιήσας[6].

Du moins Héliodôros avait-il obtenu de l'empereur « la xystarchie[7] des concours à Lacédémone ». Plus tard, le très illustre pancratiaste de Sardes M. Aurelius Demostratos Damas eut à Lacédémone

I. Magnesia, 180, l. 16 sqq. (L. Moretti, *Iscrizioni agonistiche greche* (1953), n. 71) : τειμηθείς τε ἐπὶ τούτοις ὑπὸ θεοῦ Ἁδριανοῦ Ῥωμαίων πολιτείαις εἴς τε τὸν πατέρα καὶ τὴν μητέρα καὶ τοὺς ἀδελφοὺς καὶ τῇ<ν> Κυζικηνῶν ξυσταρχίᾳ<ν>. Cf. *Rev. Phil.* 1929, 155, note 2, avec les corrections de la dernière phrase (ignorées de L. Moretti). Aussi, d'après une inscription d'Olympie (*I. Olympia*, 237 ; L. Moretti, *loc. cit.*, 70), le héraut Π. Αἴλιος Ἀρτεμᾶς Λαοδικεού[ς] (sur cette graphie, voir ci-dessus 17, note 3), qui a vaincu à l'olympiade de 137. Ni Dittenberger ni Moretti n'ont posé dans ces éditions la question de la détermination de cette Laodicée. Mais L. Moretti, dans *Olympionikai, I vincitori negli antichi agoni olimpici* (*Memorie Accad. Lincei*, 1957), p. 164, n. 854, a émis l'opinion : « di Frigia forse ». Il me paraît certain qu'il ne s'agit ni de la ville de Phrygie ni de celle de Syrie, mais de Laodicée de Lycaonie (Ladik). En effet, l'inscription dit ceci sur le maître de diction du héraut : ὑπὸ φωνασκὸν (cf. *Études épigr. philol.*, 94-95) Λ(ούκιον) Τυρρώνιον Λόνγον Εἰκονι[έ]α τὸν καὶ Λαο[δι]κέα. Cette Laodicée, dont le maître de diction est devenu citoyen, est la même que la patrie de son élève. Or, le maître est d'Iconion, qui est la voisine de Laodicée de Lycaonie. Le citoyen d'Iconion porte des noms répandus dans cette ville, *Turronius* et *Longus*. Pour *Turronius* (pris à Akmonia pour un nom phrygien par J. Sundwall) à Akmonia et Sébastè, cf. *Études épigr. philol.*, 181-182, où j'avais allégué, 182, note 1, le Λ. Τυρρώνιος Λόνγος « d'Ikonion et de Laodicée Kekaumène », c'est-à-dire de Lycaonie.

1. Cf. W. Weber, *Untersuch. zur Gesch. des Kaisers Hadrianus*, 210 ; L. Robert, *Rev. Phil.* 1930, 45, n. 4 ; P. Graindor, *Athènes sous Hadrien* (1934), 42-43 (il place la première olympiade en 131-132).
2. Cf. *Rev. Phil.* 1930, 37-38 ; *BCH* 1933, 543, n. 1.
3. Il ne faudra pas descendre trop bas ; car Héliodôros a reçu d'Hadrien le droit de cité, et il n'y a pas de concours en l'honneur de Commode.
4. Voir ci-dessus 82.
5. Voir notamment W. Dittenberger, *I. Olympia*, pp. 115-116 ; *Sylloge*[3], 1073, note 15 ; L. Robert, *Rev. Phil.* 1930, 27-29, 32, 43-44 ; J. et L. Robert, *Hellenica*, VI, 46 ; *Bull. Épigr.* 1962, pp. 136-137 ; aussi *Rev. Phil.* 1966.
6. *I. Magnesia*, 180, l. 15 (cf. ci-dessus, 102, note 1). Sur ce passage, voir *Rev. Phil.* 1930, 28.
7. Sur cette fonction, voir plus haut 82.

la xystarchie des Eurycleia[1] ; d'ailleurs, entre temps, des concours de Lacédémone étaient parvenus à un rang plus haut[2].

Outre ses 21 victoires dans des concours ' sacrés ', Héliodôros pouvait se glorifier d'avoir été vainqueur dans 36 concours où le prix était d'un talent. Comme on sait, il est fréquent qu'un athlète, après l'énumération des grands concours, indique en bloc le chiffre de ses victoires dans les concours du degré inférieur ταλαντιαίους καὶ ἡμιταλαντιαίους, ou plus généralement encore θεματικούς[3].

Les voyages d'Héliodôros ont été assez étendus : outre une ville de Cilicie, Tarse, la Syrie (Antioche), Alexandrie, Rhodes et les grandes villes de la province d'Asie, Éphèse, Smyrne, Pergame et aussi Tralles, — la Grèce propre avec l'Isthme et Némée, Argos, Lacédémone, Athènes et Thèbes, — enfin l'Italie, avec les deux grands concours à Néapolis (c'est-à-dire les Sebasta) et à Pouzzoles.

Ces concours sont très connus et ne prêtent guère à remarques. On ne peut préciser de quel concours il s'agit dans certaines villes qui en célébraient plusieurs à la fois comme ' sacrés ' ; ainsi Alexandrie[4], Smyrne, Pergame ; encore pour Sparte[5], pour Tarse[6], pour Tralles[7]. A Thèbes de Béotie, il doit s'agir des Héracleia[8].

1. *Sardis Inscr.*, n. 79, C, l. 27 : Λακεδαίμονος Εὐρυκλείων (L. Moretti, *loc. cit.*, 84). Sur cette inscription, cf. aussi *Rev. Arch.* 1934, I, 58-61 ; je donnerai bientôt la preuve que le stratège Damianos des monnaies de Sardes sous Sévère Alexandre est bien le xystarque Damianos, quatrième fils de Damas d'après l'inscription ; car une monnaie inédite porte ce titre de xystarque.

2. Mention du xystarque dans le règlement d'un concours de Sparte, *IG*, V 1, 20, A, l. 7-8 : ὃς ἕξει καὶ τὴν τοῦ ξυστάρχου τειμὴν πληρῶν τὰ εἰθισμένα.

3. Je n'en citerai qu'un exemple, qui est contemporain et dont j'ai parlé plus haut, p. 102, note 1 : le héraut P. Aelius Artémas de Laodicée avait vaincu, ἄλ(λ)ους θεματικοὺς [ἀγῶ]νας σν', c'est-à-dire 250.

4. Cf. *Bull. Épigr.* 1951, 46 ; *Hellenica*, V, 61-62.

5. On connaît à Sparte des Kaisareia, Eurykleia, Ourania ; cf. I. C. Ringwood, *Agonistic features of local Greek festivals* (1927), 81-86 (pas les Kaisareia) ; *Bull. Épigr.* 1962, 4. Je reprends ailleurs la question des concours à Sparte à l'époque impériale. Il faut ajouter un très grand nombre de documents à ceux de I. C. Ringwood.

6. Je traiterai ailleurs des concours de Tarse et des villes de la Cilicie Plane ; cf. *Hellenica*, VIII, 92 ; XI-XII, 444, n. 6 (pour Hiérapolis Castabala, voir *La déesse de Hiérapolis Castabala*, 89-92). On peut se demander la raison de l'addition « Tarse, 3 fois » ; car c'est une addition. Je pense que c'est l'appartenance de Tarse à la même province de Cilicie qui amena à ajouter ce détail. Il semblerait alors que ces concours de Tarse ont été extraits de la liste, passée sous silence, des 36 ' concours à un talent '.

7. Sur les concours de cette ville, voir *Rev. Phil.* 1930, 130 ; *Études Anatoliennes*, 418-429 ; *Eos*, 48, II (*Mélanges Taubenschlag*, 1957), 231-238 ; Chr. Habicht, *VII Bericht Olympia*, 221, note 11 (le périodonique Léon, d'après une inscription d'Olympie au Ier siècle a. C., vainqueur Δίεια ἐν Τράλλεσι) ; J. et L. Robert, *Bull. Épigr.* 1959, 448 (sur la présentation inexacte des restitutions sur un concours de Tralles dans une inscription de Pergè ; la reproduction *SEG*, XVII, 628 est, une fois de plus, une malfaçon ; quand pour B, l. 5, l'éditeur écrit : « Ἐ[πινίκια ἐν Ἐφέσῳ] malunt Robb. », il attribue, une fois de plus, aux « Robb. » le contraire exactement de ce qu'ils ont écrit ; car ils ont repoussé fermement la mention d'Épinikia, soit à Éphèse soit ailleurs). Les Olympia et les Pythia de Tralles dans deux couronnes d'une inscription inédite d'Éphèse.

8. Pour les fêtes de Thèbes à l'époque impériale, voir provisoirement *Hellenica*, XIII, 148-149. Au Ier siècle a. C., le périodonique Léon fut vainqueur à la lutte Ἡράκλεια ἐν Θήβαις (Chr. Habicht, *VII Bericht Olympia*, 218, l. 5 ; cf. p. 220, n. 8).

A Antioche de Syrie, la forme ὁ Εὐκρατιανός (ἀγών) me semble nouvelle ; mais le concours ὁ Εὐκράτους est bien attesté[1]. La mention des Kaisareia de l'Isthme me semble nouvelle aussi, mais on connaît la même fête sous le nom de Καισάρεια ἐν Κορίνθῳ[2]. Ces mots de l'inscription de Séleucie sont intéressants et par cette précision locale et par la distinction très nette avec les Isthmia[3]. Le lien avec ces derniers concours reste à préciser[4].

1. Voir *Études Anatoliennes,* 143 et 144 ; *Hellenica,* XI-XII, 444. Il était ἰσάκτιος, ce qui ne surprend pas notamment en Syrie, Phénicie et Palestine.

2. J'ai réuni les attestations *Rev. Phil.* 1929, 130, en restituant [Καισάρεια] ἐν Ἰσθμῷ, au lieu de [Ἴσθμια], dans une inscription agonistique de Pergè (d'où la restitution dans *SEG,* XVII, 628).

3. De même à Thespies *IG,* VII, 1856.

4. Confusion dans I. C. Ringwood, *loc. cit.,* 66. Le n° 19 de *Corinth,* VIII 1, *Greek Inscr.,* est important, mais n'a pas été étudié ; de même le n° 14. Un texte essentiel est le n° 81 de *Corinth,* VIII 2, *Latin inscriptions,* avec le commentaire de A. B. West, pp. 64-65 ; autres textes *ibid.,* n. 68, 82-97.

INDEX

I. INDEX GÉNÉRAL

II. INDEX GREC

A. Noms de personnes en grec

B. Vocabulaire

(1) L'expression ἀπαγωγὴ φόρων est attestée pour le paiement d'un impôt, son recouvrement. Tous les dictionnaires citent φόρου ἀπαγωγή dans Hérodote ; cf. E. Powell, *A Lexicon to Herodotus*, 32. Plus intéressant pour notre inscription ce passage que je relève par hasard dans Eunape pour le rhéteur Prohairesios : il demanda à Constans pour les Athéniens νήσους οὐκ ὀλίγας οὐδὲ μικρὰς εἰς ἀπαγωγὴν φόρου (Boissonnade, p. 492 ; Wright, p. 508). On manque à ce point d'index pour les auteurs de l'époque impériale qu'il est difficile de pousser la recherche. Je croirais en tout cas que tel est bien le mot à restituer dans l'inscription de Iotapè.

III. INSCRIPTIONS ÉTUDIÉES

TABLE DES PLANCHES

IMPRIMERIE A. BONTEMPS
LIMOGES (FRANCE)
Dépôt légal : 4e trimestre 1966

PLANCHES PHOTOTYPIQUES
IMPRIMERIE FAUCHEUX ET FILS - CHELLES-SUR-MARNE

Carte de la vallée du Xanthos et de la côte Ouest de la Lycie

Inscriptions d'Artymnessos et de Iotapé

Inscription de Termessos

Le

élas

Remparts de « Séleucie »

Inscription d'un athlète à Séleucie du Calycadnos

Le fleuve Mélas à Manavgat

Iotapé en Cilicie

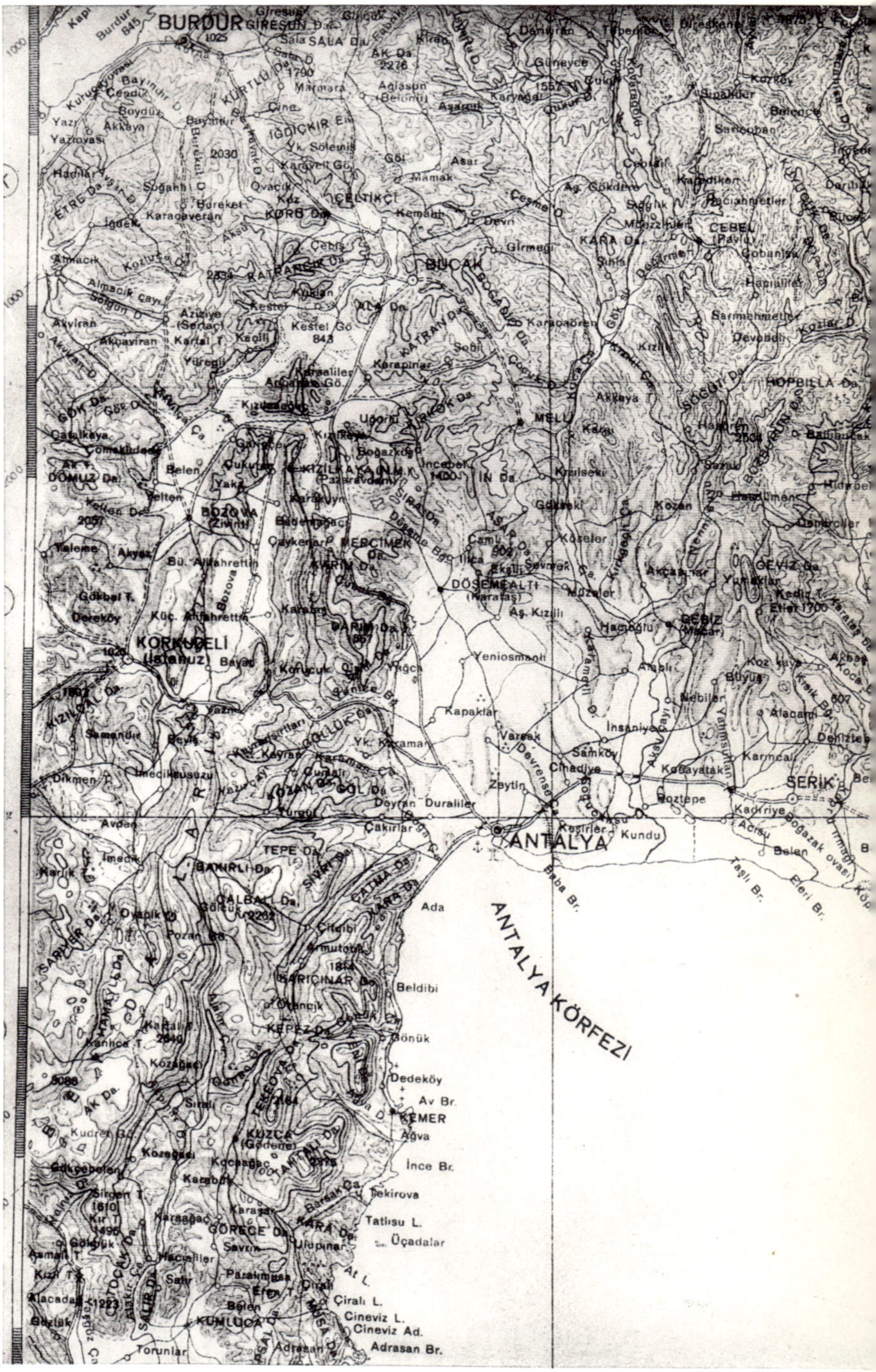

De Phasélis à Alanya

Carte du Golfe de Pamphylie

Les cas

Mélas

Monnaies de Syedra

Arès à Syedra, Laertès et Lyrbè

3

6

2

5

1

4